나는 나를 사랑해요

**도서출판
명주**

명주어린이는 지식과 감성을 씨줄과 날줄로
촘촘히 엮어, 21세기를 살아가는 우리 어린이들에게
지혜의 나침반 역할을 할 것입니다.

명주어린이 시리즈 09

안전은 나의 힘

나는 나를 사랑해요

손경애 글 | 최은영 그림

명주

머리말

안전 여행을 함께 떠나 볼까요?

　내가 어렸을 때는 동네 아이들과 어울려서 밖에서 자주 뛰어놀았습니다. 땀을 뻘뻘 흘리면서 또래 친구, 언니, 오빠들과 함께 사방치기, 공기놀이, 다방구 등을 했지요.

　그런데 초등학교 들어가기 전에 천막의 나무기둥을 붙들고 놀다가 다리에 큰 쇠못이 박히는 사고를 당했습니다. 바로 의식을 잃고 쓰러지면서 높은 계단에서 떨어졌답니다. 아직도 그 사고가 생생하게 기억이 납니다. 오전 10시쯤 사고가 났는데 깨어나서 보니 저녁 8시가 넘었습니다. 급히 병원에 가서 치료를 받았지만 의식이 돌아오기까지 많은 시간이 흘렀지요. 그때 죽는다는 것이 무엇인지를 약간은 깨달았던 것 같아요. 좀 무서운 생각이 들었답니다.

　그 기둥에 매달리면 천막이 무너질 수 있다는 생각을 못했기 때문에 그런 사고가 났던 것 같아요. 지금 생각해도 좀 아찔해요. 쇠못이 뚫고 들어간 자리가 아직도 흉터로 남아 있답니다.

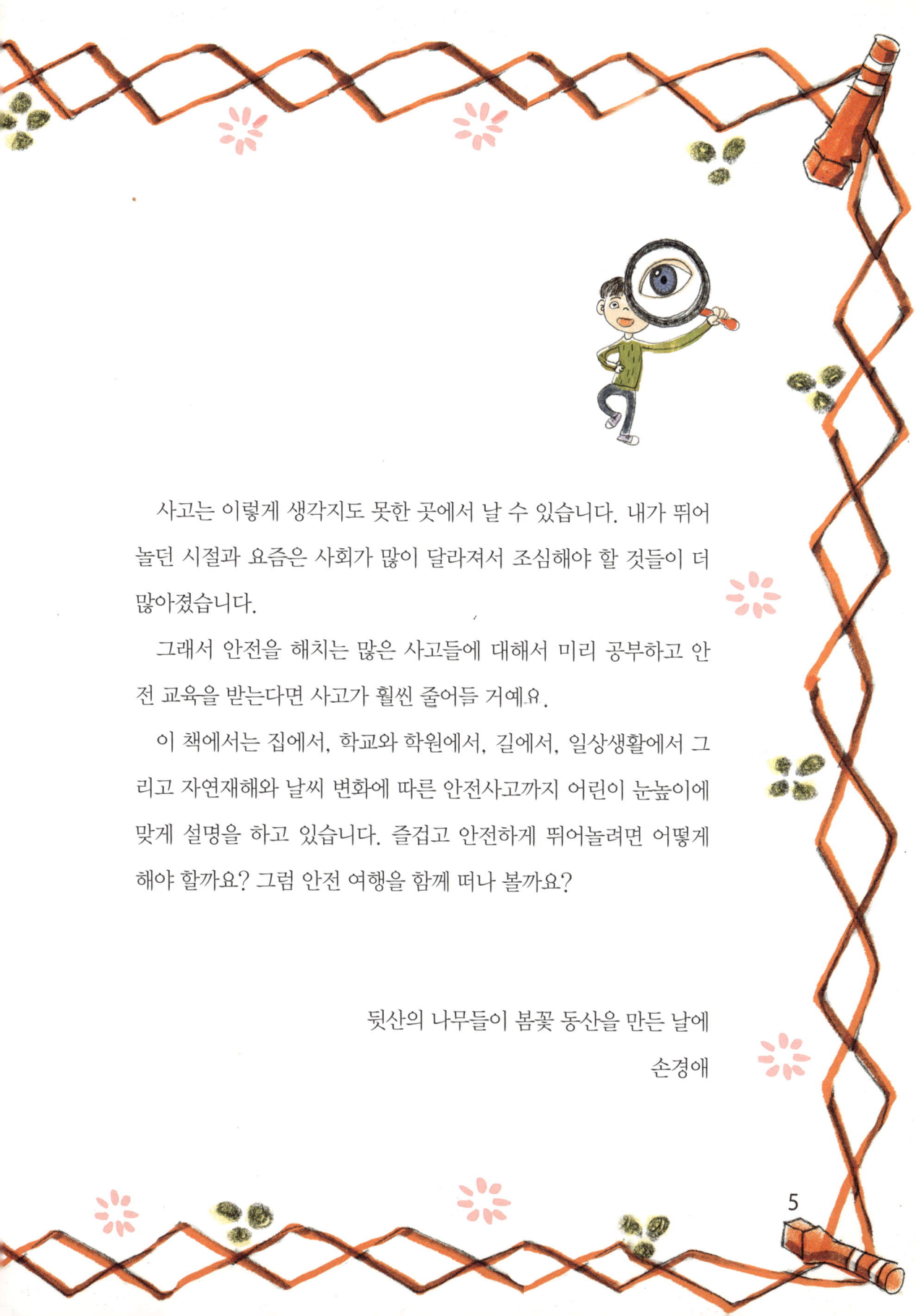

　사고는 이렇게 생각지도 못한 곳에서 날 수 있습니다. 내가 뛰어놀던 시절과 요즘은 사회가 많이 달라져서 조심해야 할 것들이 더 많아졌습니다.

　그래서 안전을 해치는 많은 사고들에 대해서 미리 공부하고 안전 교육을 받는다면 사고가 훨씬 줄어들 거예요.

　이 책에서는 집에서, 학교와 학원에서, 길에서, 일상생활에서 그리고 자연재해와 날씨 변화에 따른 안전사고까지 어린이 눈높이에 맞게 설명을 하고 있습니다. 즐겁고 안전하게 뛰어놀려면 어떻게 해야 할까요? 그럼 안전 여행을 함께 떠나 볼까요?

뒷산의 나무들이 봄꽃 동산을 만든 날에
손경애

차 례

머리말 4

1 나는 소중해요
세상에 나는 하나밖에 없어요 10
건강이 안전의 첫걸음 12
하루에 30분 만이라도 운동하기 18

알고 싶은 안전 이야기
옛날 부모님들도 안전이 첫 번째였어요! 20

2 안전이란 무엇일까요?
건강 다음으로 중요한 것은 안전한 생활 24
죽는다는 게 뭐예요? 26

엄마 아빠와 함께 보세요!
사람을 살리는 심폐소생술 30

3 집에서 안전한 생활하기
집에 불이 나거나 화상을 입으면? 36
엘리베이터 안전 수칙 41
전기로 사고가 났을 때 42
부엌에서 가스가 새어 나와요 44
깨진 유리와 의자도 조심해요! 46
낯선 사람이 벨을 누를 때 48

엄마 아빠와 함께 보세요!
화상 증상과 응급처치 50

4 학교에서의 안전 수칙

교실에서 지켜야 할 일 54
복도나 계단을 걸을 때 57
음식을 먹을 때 조심해야 할 일 59
놀이기구 바르게 사용하기 62

엄마 아빠와 함께 보세요!
신체를 다쳤을 때 응급처치법 68

5 일상생활에서 일어나는 사고

교통사고 예방하기 74
혼자 교통사고를 당하면 어떡해요? 80
지하철에서의 안전 수칙 82
불이 나서 건물 안에 갇혔을 때 87
낯선 사람이 같이 가자고 할 때 89
안전하게 놀려면 어떻게 하죠? 91
수영장과 바다에서의 안전 95

엄마 아빠와 함께 보세요!
지하철과 버스, 배에서 사고가 났을 때 대처법 104

6 자연재해와 날씨 변화

태풍이 불고 천둥 번개가 칠 때 108
지진이 나면 계단으로 대피해요 110
황사나 미세 먼지가 많은 날 112
산에서 날씨 변화로 생기는 위험한 일 114

엄마 아빠와 함께 보세요!
날씨에 따른 긴급 대처법 118

1 나는 소중해요

이 세상에 자기와 똑같은 사람은 하나도 없습니다. 공부를 못해서 칭찬을 못 받아도 쓸모없는 사람이 절대 아닙니다. 자신의 생명을 대신할 수 있는 것은 어디에도 없답니다. 그래서 우리 모두는 아주 소중한 사람들입니다.
그럼 소중한 우리들을 어떻게 지켜야 할까요?

세상에 나는 하나밖에 없어요

나는 왜 소중할까요? 여러분은 언제 자신이 소중하다고 느끼나요? 부모님께 칭찬받거나 선생님에게 칭찬을 들었을 때 그런가요? 우리들은 누구에게 칭찬을 받을 때 자신이 소중하다고 느끼기도 합니다. 그럴 때는 마음이 우쭐해지면서 자랑스럽다고 생각하기도 합니다. 하지만 꾸중을 듣거나 시험을 잘 못 봐서 기분이 나쁠 때는 쓸모없는 사람이라고 생각하거나 소중하지 않다고 생각하기도 합니다.

그러나 이런 생각은 잘못된 것입니다. 왜냐하면 우리 모두는 세상에서 단

하나뿐이니까요. 그래서 어떤 상황에 따라서 자신을 하찮게 생각해서는 안 됩니다. 자신의 생명은 하나밖에 없고 누구도 대신할 수도 없기 때문입니다. 그러므로 소중한 자신을 잘 보살피고 사랑해야 할 사람도 여러분이랍니다.

우리는 세상에서 가장 소중한 사람

세상에 나 같은 사람이 하나밖에 없다니까 갑자기 기분이 하늘 높이 둥둥 떠오르나요? 그래서 자기 마음대로 살아도 된다는 생각이 드나요?

하지만 나만 세상에 하나밖에 없는 것은 아니지요. 다른 친구들도 다 소중한 사람들이랍니다. 누구나 그렇기 때문에 서로 아끼고 배려해야 합니다. 그리고 위험에 처하는 일이 있으면 서로 도와야 한답니다. 그래야 함께 행복할 수 있습니다. 나만 즐겁다고 행복한 것은 아니기 때문이지요. 우리 친구들과 이웃들이 함께 행복해야 즐거운 세상을 만들어 갈 수 있답니다.

건강이 안전의 첫걸음

행복하고 안전한 세상을 만들려면 내 몸부터 건강해야 해요. 자기가 건강해야 다른 것들을 생각할 수 있으니까요. 행복하게 살기 위한 첫 번째 조건은 바로 건강이랍니다. 건강하려면 잘 먹고, 잘 쉬고, 운동도 규칙적으로 해야 합니다. 그래야 몸과 마음이 튼튼해져서 병균이 몸에 들어와도 잘 물리칠 수 있답니다. 그럼 건강을 지키기 위해서는 어떻게 해야 할까요?

우리를 살아가게 하고 건강을 유지하게 하는 5대 영양소

아하, 그렇구나!

우리 몸에 필요한 5대 영양소에는 탄수화물, 단백질, 지방, 비타민, 미네랄 등이 있습니다. 탄수화물은 주로 곡물 종류에, 단백질과 지방은 육류, 생선 등에 있고, 비타민과 미네랄은 과일과 채소 등에 많이 있답니다. 5대 영양소가 들어간 음식들을 골고루 먹어야 건강할 수 있겠죠!

음식을 제때에 골고루 먹기

'음식이 곧 우리 몸이다.'는 말이 있습니다. 우리가 어떤 음식을 먹느냐에 따라서 건강해질 수도 있고, 건강이 나빠질 수도 있어요. 편식을 심하게 하면 영양소를 골고루 섭취할 수 없어서 건강에 문제가 생길 수 있답니다. 그러니까 여러분의 안전에 문제가 생기는 것이죠.

건강하기 위해서는 인스턴트 음식을 너무 많이 먹는 것도 안 좋고, '패스트푸드(fast food)'를 많이 먹는 것도 안 좋습니다. 패스트푸드에는 햄버거, 피자 등이 있습니다. 햄버거에 들어가는 고기와 피자에 들어가는 것들도 대부분 가공을 해서 만든 것들이라 몸에는 좋지 않답니다.

그리고 제때에 끼니를 잘 챙겨 먹는 것도 중요합니다. 그래야 몸에서 필요로 하는 영양소들을 제때에 섭취해서 튼실하게 자랄 수 있으니까요.

인스턴트 식품

바로 간단하게 요리해서 먹을 수 있는 가공 식품들을 말합니다. 통조림, 라면, 냉동만두, 3분 요리 등이 해당됩니다. 즉석으로 해 먹을 수 있어서 간편하기는 하지만 음식을 만드는 과정에서 인공 첨가물들이 많이 들어가고, 유통 기간이 길어서 자연 식품보다는 몸에 안 좋답니다.

아하, 그렇구나!

패스트푸드(fast food)

인스턴트 음식과 같은 즉석 식품인데 가게에서 파는 것들을 주로 패스트푸드라고 합니다. 햄버거, 치킨, 피자 등이 패스트푸드입니다. 조리 과정이 긴 음식들은 슬로우푸드(slow food)라고 하지요. 한국 전통 음식들은 대부분 슬로우푸드입니다. 조리 과정이 길고, 또 손이 많이 가는 음식들이 대부분이지요. 하지만 건강에는 좋은 음식들이랍니다. 궁중에서 먹던 신선로, 구절판이나 요즈음 우리들이 자주 먹는 비빔밥, 된장찌개 등은 만드는데 시간이 걸리기는 하지만 자연식이어서 건강에는 좋답니다.

눈 건강도 중요해요

요즘 많은 어린이들이 스마트폰이나 컴퓨터 게임 등에 중독되어서 사회적으로 큰 문제가 되고 있습니다. 특히 스마트폰의 화면은 글자 크기나 사진 등이 컴퓨터에 비해서 아주 작기 때문에 오랜 시간 들여다보면 눈이 아주 심각하게 나빠질 수 있습니다.

건강한 눈을 위해서 우리가 지켜야 할 올바른 생활 습관에는 무엇이 있을까요? 책을 읽거나 컴퓨터 화면을 볼 때는 바른 자세로 앉아서 보고, 최소한 50분 보고 10분 이상은 쉬도록 해야 합니다. 컴퓨터 화면은 50cm 이상 떨어져서 각도는 15도 아래로 보는 게 좋답니다. 스마트폰도 30분 정도 보고 10분은 쉬면 눈을 보호할 수 있을 거예요. 너무 오랫동안 스마트폰을 보거나 게임을 하면 정신 건강에도 안 좋답니다.

그리고 건조하거나 먼지 등이 많은 곳에서는 씻지 않은 손으로 눈을 비비면 안 됩니다. 전염성 눈병에 걸릴 수도 있고 먼지가 눈에 들어가서 망막이 긁힐 수도 있기 때문입니다.

너무 늦게 자면 키도 안 크고, 마음도 불안정해져요!

너무 늦게 잠을 자서 아침에 허둥지둥 학교에 간 적이 있지요? 어린이들은 하루에 8시간은 잠을 자야 건강에 좋다고 해요.

컴퓨터 게임이나 스마트폰에 빠져서 불규칙하게 잠을 자거나 너무 늦게 자면 몸에 필요한 호르몬이 잘 나오지 않아서 건강하게 자랄 수 없답니다. 특히 뼈와 근육을 늘리는 성장호르몬은 밤에 깊은 잠을 잘 때 많이 나온대요. 그래서 밤잠이 부족하면 키가 클 수 없답니다.

밤에 깊은 잠을 잘 잔 어린이들은 뇌와 몸의 피로를 빨리 회복해서 기억력이나 집중력 등이 높다고 합니다. 그래서 감정까지 안정되어서 짜증이나 스트레스 등도 별로 없답니다. 잠을 잘 못 잔 날에는 짜증이 많이 나고 감정 조절을 하기 힘들었던 경험이 있을 거예요. 이런 날이 계속되면 마음도 불안정해지고 집중력도 많이 떨어진답니다. 그러니까 꼭 밤 10시부터는 잠을 자는 습관을 들이도록 하세요.

원시, 근시, 난시는 어떻게 교정을 해야 하나요?

눈의 굴절 이상에는 원시, 근시, 난시 세 종류가 있습니다. 원시는 가까운 물체는 잘 보이지 않지만 먼 거리의 물체들은 잘 볼 수 있습니다. 물체와 상이 망막 뒤쪽에 맺히기 때문이지요. 그래서 볼록렌즈 안경을 써서 교정해야 됩니다.
근시는 가까운 물체는 잘 보이지만 어느 한계 이상의 먼 거리는 잘 보이지 않습니다. 근시는 물체와 상이 망막 안쪽에 맺혀서 먼 곳을 잘 볼 수 없습니다. 그래서 오목렌즈 안경을 써서 교정해야 된답니다.
난시는 수정체의 굴절면이 고르지 않아서 밖에서 들어오는 빛이 망막 위의 한 점에 모일 수가 없습니다. 그래서 물체를 명확하게 볼 수 없지요. 난시도 안경을 통해서 교정이 가능하답니다.

하루에 30분 만이라도 운동하기

운동을 하면 여러분의 신체가 튼튼하게 단련이 됩니다. 영국의 철학자 존 로크는 '건강한 몸에 건강한 정신'이 깃든다고 했습니다. 그리고 운동과 뇌의 연구 결과를 미국의 일리노이 대학에서 발표했는데, 운동을 계속한 어린이들은 운동을 하지 않은 어린이들보다 지능 지수도 높게 나왔다고 합니다.

그러니까 건강한 몸과 마음을 위해서 하루 30분 만이라도 운동을 하세요. 걷기, 공놀이, 축구, 달리기 등 자신이 하고 싶은 것으로 매일하다 보면 체력도 좋아지고 마음까지 안정될 거예요.

운동을 하면 좋은 점들

운동을 하면 몸에 들어온 병균들과 싸울 수 있는 힘인 면역력이 좋아진답니다. 운동을 많이 하는 사람은 감기에 잘 걸리지 않고 아프다고 해도 금방 낫잖아요. 그리고 운동을 전혀 하지 않는 사람은 자주 아프고 감기도 오래 가잖아요. 이것은 면역력의 차이라고 해요.

운동을 꾸준히 하면 폐, 심장, 근육, 소화기관 등의 기능들도 발달하고요, 정신 건강에도 아주 좋답니다.

이렇게 하면 키가 아주 잘 자라요!

아하, 그렇구나!

1. 매일 꾸준히 규칙적인 운동을 합니다.
2. 걷기, 뛰기, 줄넘기, 축구, 농구, 등산, 배드민턴 등 다리를 많이 움직이는 운동을 하도록 합니다.
3. 아무리 늦어도 밤 11시 전에는 잠을 자도록 하고 아침 7시 전에는 일어나도록 합니다.
4. 잠을 자기 전에 20~30분 동안 스트레칭을 하고 자는 습관을 들입니다.
5. 밀가루 음식이나 인스턴트 음식, 패스트푸드, 너무 단 음식과 탄산음료 등은 많이 먹지 않도록 합니다.
6. 물을 많이 마시도록 합니다.
7. 신선한 야채와 과일도 충분하게 먹도록 합니다.

 알고 싶은 안전 이야기

옛날 부모님들도 안전이 첫 번째였어요!

出 必 告 之 하고
나갈 출   반드시 필   알릴 고   갈 지

밖에 나갈 때에는 반드시 말씀드리고,

反 必 面 之 하라.
돌이킬 반   반드시 필   낯 면   갈 지

집에 돌아오면 반드시 뵙도록 하여라.

愼 勿 遠 遊 하고
삼갈 신   말 물   멀 원   놀 유

먼 곳에 나가 놀지 말고,

遊 必 有 方 하라.
놀 유   반드시 필   있을 유   모 방

밖에서 놀 때에는 반드시 가는 곳을 알려라.

이것은 조선 시대에 널리 읽히던 《사자소학》에서 뽑은 구절입니다. "밖에 나갈 때에는 반드시 말씀드리고, 돌아오면 얼굴을 보며 인사드려라. 먼 곳에 가지 말고, 어디서 놀지 미리 말씀드려라." 그런데 어떤가요? 부모님들의 걱정은 옛날이나 지금이나 비슷하지 않나요? 자식이 공부 잘하는 것도 좋고 운동 잘하는 것도 좋지만, 가장 중요한 것은 어디 먼 곳에 가서 다치지 않는 것이었으니 말입니다.

《사자소학》, 어릴 때부터 익혀야 할 규범과 예절

《사자소학》은 《천자문》이나 《동몽선습》 등과 함께 서당에서 아이들에게 가장 먼저 가르치던 책입니다. 어릴 때부터 마땅히 배우고 익혀야 할 생활 규범과 예절을 알기 쉽게 풀이했습니다. 각각 네 글자로 이루어진 240개 구절이 담긴 도덕 교과서 같은 책이었지요. 아이들도 알기 쉬운 한자로 씌어 있어 어렵지 않게 배울 수 있었답니다.

2 안전이란 무엇일까요?

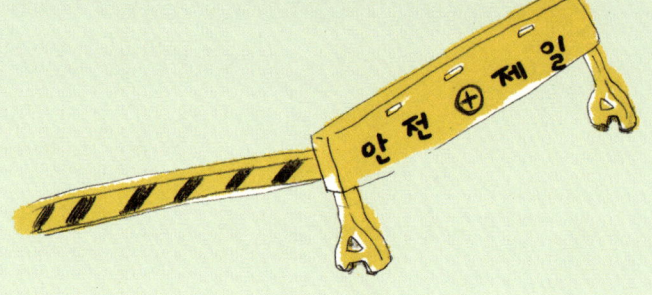

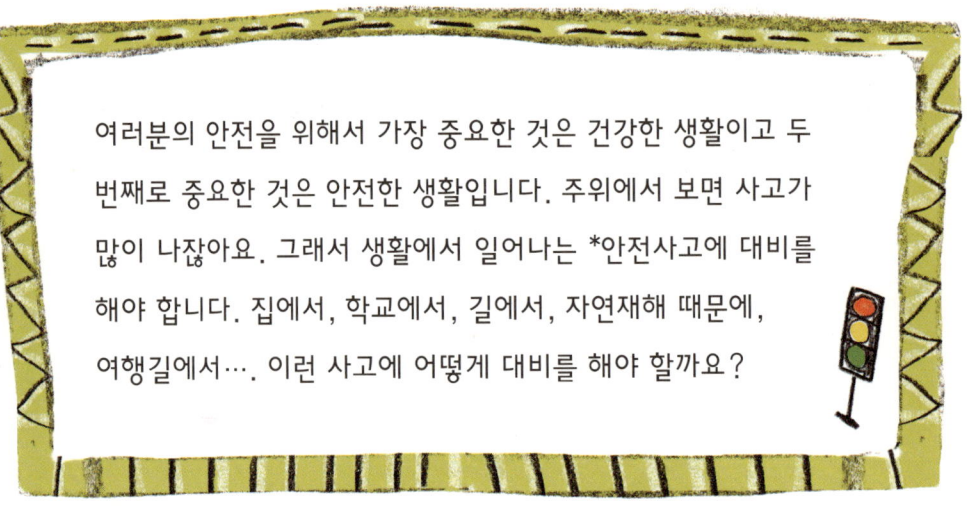

여러분의 안전을 위해서 가장 중요한 것은 건강한 생활이고 두 번째로 중요한 것은 안전한 생활입니다. 주위에서 보면 사고가 많이 나잖아요. 그래서 생활에서 일어나는 *안전사고에 대비를 해야 합니다. 집에서, 학교에서, 길에서, 자연재해 때문에, 여행길에서…. 이런 사고에 어떻게 대비를 해야 할까요?

건강 다음으로 중요한 것은 안전한 생활

텔레비전이나 인터넷을 통해 뉴스를 보면 안전사고가 참 많이 일어납니다. 교통사고, 자전거 사고, 화재, 선박 사고, 놀이터 사고, 엘리베이터 사고 등이 매일 일어납니다.

어린이들의 잘못으로 일어나기도 하지만 안전 수칙을 무시하는 어른들 때문에 일어나기도 합니다. 그래서 우리 어린이들이 안전에 대한 공부를 많이 해서 어른이 되었을 때는 불행한 일들이 더 이상 일어나지 않도록 해야겠죠?

여러 가지 안전 규칙을 공부해요

여러분들은 학교와 학원에서 주로 생활을 하니까 그곳에서의 안전 규칙을 잘 알아야겠죠? 물론 학교에 가려면 작은 골목길도 지나야 하고 큰길의 횡단보도도 건너야 하기 때문에 교통 규칙에 대해서도 잘 알아야 합니다. 그리고 낯선 사람도 조심해야 하고요.

집과 학교 주변에서의 생활, 공공 생활 안전, 태풍, 지진 등의 자연재해가 일어났을 때의 안전한 대처 등에 대해서도 알아야 합니다. 그래야 자신의 생명뿐만 아니라 다른 사람들의 생명도 지킬 수 있답니다.

*안전사고

공장이나 공사장, 일상생활을 하는 곳, 학교 등에서 안전 교육을 미리 시키지 못했거나 또는 조심하지 않아서 일어나는 사고 등을 말합니다.

죽는다는 게 뭐예요?

여러분은 죽음에 대해서 생각해 본 적이 있나요? 갑자기 안전 얘기를 하다가 '왜 이런 것을 물을까?' 생각할지 모르겠습니다. 하지만 어린이들도 건강을 잘 챙기지 못하고 사고에 잘 대처하지 못하면 장애를 안고 살아갈 수도 있고, 목숨을 잃을 수도 있습니다.

누군가가 죽는다면?

어른들이 가끔 '태어나는 것에는 순서가 있지만 세상을 떠나는 것에는 순서가 없다.'고 하는 얘기를 들어봤을 거예요. 그래도 아직 어리기 때문에 죽음에 대해서 생각한 어린이들은 많지 않을 거예요. 생각만 해도 좀 무서운

느낌이 들잖아요. 그렇지만 안전한 생활에 대해서 확실하게 알려면 안전하지 않은 생활로 생기는 결과들도 알아야 합니다. 그래야 안전한 생활의 중요함을 알고 조심하면서 생활하게 될 테니까요.

주위에서 친구 부모님이나 자신의 할아버지, 할머님 등이 돌아가신 것을 경험했을 수는 있겠네요. 그때 어땠나요? 엄마와 아빠가 아주 슬퍼하셨을 거예요. 죽는다는 것은 그 사람과 영영 이별하는 거잖아요. 보고 싶을 때 볼 수도 없고, 더 이상 얘기도 나눌 수 없으니까요. 좀 무섭게 느껴질 수도 있어요. 그러나 안전에 신경을 쓰고 조심하면 사고로 다치거나 죽게 될 가능성은 아주 적답니다.

내 생명도 소중하지만 남의 생명도 소중합니다!

자신의 행동이 사람들에게 피해를 주거나 문제를 일으킬 수 있다면 조심해야 합니다. 예를 들어 무심코 성냥으로 불장난을 했는데 집에 불이 나서 옆집에도 번지면서 친구가 다치거나 죽는다면, 그 책임은 누가 져야 할까요?

아파트 꼭대기에서 장난으로 돌을 던진 적이 있나요? 장난으로 돌을 던졌지만 그 돌에 사람이나 고양이, 강아지 등이 맞으면 죽을 수도 있습니다. 멀쩡하던 사람이 돌에 맞아 갑자기 생명을 잃게 된다면 그 가족들은 얼마나 억울하고 원통하겠어요. 그 사람이 친구의 엄마도 될 수 있고, 아빠도 될 수 있고, 형이나 누나 동생도 될 수 있습니다. 이런 사고가 누구에게나 있을 수

있습니다. 이런 생각을 하면 정말 조심해야겠다는 생각이 들죠?

그리고 고양이나 강아지들도 하나밖에 없는 생명을 갖고 있는 우리와 같은 생명체입니다. 그러니 함부로 대하고 생명을 무시하는 행동을 하면 안 되겠죠?

어려서부터 이렇게 조심하고 다른 사람들을 배려하는 생활을 몸에 익힌다면 사고가 일어나지 않는 안전한 사회가 될 수 있답니다.

119안전신고센터

화재, 구조, 구급, 재난 신고, 응급의료 등의 일이 생기면 119안전신고센터로 전화하세요. 112에는 주로 범죄 신고를 하도록 합니다.

 알고 싶은 안전 이야기

타이태닉호와 세월호

'타이태닉'은 1911년 영국에서 만든 아주 크고 화려한 여객선이었습니다. 무게는 46,328톤이고 배의 길이는 269m 정도이고, 폭은 28m쯤, 깊이는 20m쯤 되었다고 합니다. 그런데 이 배는 1912년 4월 미국으로 가기 위해서 첫 항해를 하다가 북대서양에서 빙산하고 부딪히면서 침몰했답니다. 그래서 아주 많은 사람들이 죽었습니다.

영국의 사우스햄프턴을 출항할 때는 약 2,200명 이상의 승객이 탔다고 하는데 이 사고로 살아 나온 사람은 711명 정도였답니다.

타이태닉호가 사고가 난 뒤에 런던에서는 최초로 '국제 해상 안전 협정'이 체결되었습니다. 배의 구조·무선과 구명 설비·떠다니는 얼음 덩어리 등을 감시하는 등 안전에 대한 국제회의를 열고, 해난 사고 방지 활동이 이루어졌다고 합니다.

여러분들은 타이태닉호의 얘기를 읽고 나니 무슨 생각이 드나요? 우리나라의 '세월호' 생각이 날 거예요. 세월호도 인천과 제주를 오가는 아주 큰 여객선이었죠. 2014년 4월 16일, 제주도로 수학여행을 떠났던 단원고등학교 언니 오빠들이 사고를 당했던 배 이름이죠.

세월호는 선장과 선원들의 안전 불감증과 선장이 승객의 안전은 무시한 채 자신만 살겠다고 탈출하면서 많은 사람들이 희생되었습니다. 특히 구조를 위한 골든타임을 놓치면서 살릴 수도 있었던 많은 고등학생들이 죽었습니다.

이 사고를 통해서 안전 교육과 수칙 그리고 인명 구조를 위한 책임자들의 리더십이 얼마나 중요한지를 알 수 있습니다.

엄마 아빠와 함께 보세요!

사람을 살리는 심폐소생술

생명이 걸린 응급 상황에서 초기 대응을 얼마나 잘하느냐에 따라 환자가 살 수도 죽을 수도 있습니다. 심장이 정지된 뒤 4~6분 안에 응급조치를 하면 살 확률이 3배까지 올라간답니다. 그러므로 심장마사지와 인공호흡을 포함한 심폐소생술 방법을 꼭 알아 두어야 하겠죠!

즉시 119에 신고하고 인공호흡을 하세요

환자를 발견했을 때 즉시 119에 신고하고 인공호흡을 하도록 합니다. 주변에 자동 제세동기(AED:Automated External Defibrillator)가 있다면 인공호흡 대신 자동 제세동기를 사용하도록 합니다. 자동 제세동기는 심장이 정지되어 있는 환자에게 전기 충격을 가해서 심장이 정상적으로 뛸 수 있도록 하는 도구로서 일반 사람들도 쉽게 사용할 수 있도록 만들었답니다.

지하철역, 기차역, 버스터미널 등 사람들이 많이 이용하는 공공장소와 500세대 이상이 살고 있는 아파트에는 AED를 설치하도록 법으로 규정하고 있습니다.

구강 대 구강 인공호흡법

첫째, 환자의 머리를 뒤로 젖혀 기도를 열어 준 뒤에 고개를 돌려 입안의 이물질을 빼낸 뒤 인공호흡을 합니다. 바닷가나 강에서 놀다가 사고가 난 사람의 입 속에는 무언가가 들어갔을 수도 있기 때문이지요. 이물질을 빼내지 않고 하면 효과가 없답니다.

둘째, 환자의 코를 손가락으로 집어서 막습니다. 숨을 깊게 들이마시고 환자의 입을 자신의 입으로 꽉 막아서 호흡이 새지 않도록 한 뒤에 환자의 가슴이 부풀어 오를 때까지 공기를 불어넣습니다.

셋째, 환자가 공기를 내쉴 수 있도록 환자의 입에서 자신의 입을 뗀 뒤에 다시 숨을 들이마십니다.

이 같은 동작을 1분에 약 12회쯤 반복하도록 합니다.

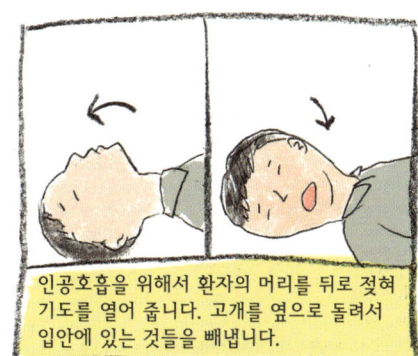

인공호흡을 위해서 환자의 머리를 뒤로 젖혀 기도를 열어 줍니다. 고개를 옆으로 돌려서 입안에 있는 것들을 빼냅니다.

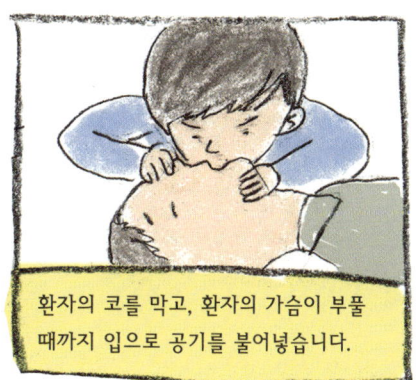

환자의 코를 막고, 환자의 가슴이 부풀 때까지 입으로 공기를 불어넣습니다.

심장마사지

인공호흡을 2회하고 심장마사지를 하도록 합니다. 양손을 깍지 낀 채 포개어 가슴 중앙(명치를 피해)을 압박하도록 합니다. 압박하는 중에 손가락 끝이 몸에 닿지 않도록 해야 합니다. 팔꿈치를 펴서 팔이 바닥에 수직을 이룬 상태에서 체중을 이용해 가슴 압박을 하도록 합니다.

인공호흡 2회 심장마사지 30회를 번갈아 가면서 다섯 세트 정도를 하도록 합니다.

자신의 안전을 최우선으로 생각하기

응급 상황이 발생했을 때 구조자도 자신의 안전을 최우선으로 생각해야 합니다. 물에 빠지는 사고가 났을 때 구조자가 함께 죽게 되는 경우가 많은데 그 이유는 자기 안전을 생각하지 않고 구조 활동을 했기 때문입니다. 사고가 발생했을 때 급한 마음이 앞서 행동하다 보면 구조자까지 위험해질 수 있으니 항상 자신의 안전도 생각하면서 구조를 해야 합니다.

모두 살 수 있는 상황에서 모두 죽을 수도 있기 때문에 침착한 대처가 아주 중요하답니다.

사람이 물에 빠졌을 때

물에 빠진 사람을 발견했을 때에는 직접 구조하려고 해서는 안 됩니다. 가까이 있는 긴 줄, 튜브, 막대기 등을 이용해서 구조해야 합니다. 구조한 뒤에는 호흡 및 심장 정지 등이 오지 않았는지부터 확인합니다. 만약 호흡이나 심장 정지가 확인되었을 때는 심폐소생술을 실시해야 합니다.

물에 빠졌을 때가 다른 심장 정지 환자보다 살아날 가능성이 높답니다. 물에 빠진 사람을 물 밖으로 구조한 뒤 입안의 이물질을 제거하고 인공호흡 및 심장마사지를 실시하도록 합니다.

만약 구조된 뒤에 토를 한다면 얼굴을 한쪽으로 돌려 숨 쉬는 기도로 들어가지 않도록 해야 합니다.

인공호흡 및 AED(심장 제세동기) 사용법

인공호흡을 위해서 환자의 머리를 뒤로 젖혀 기도를 열어 줍니다. 고개를 옆으로 돌려서 입안에 있는 것들을 빼냅니다.

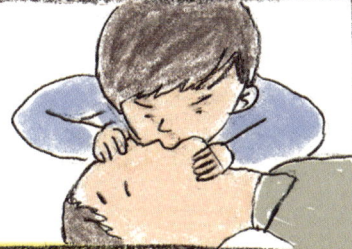

환자의 코를 막고, 환자의 가슴이 부풀 때까지 입으로 공기를 불어넣습니다. 1분에 약 12회쯤 반복합니다.

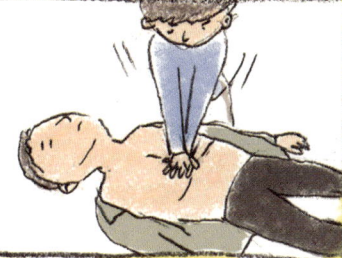

가슴 중앙에 양손을 깍지 낀 채 포개어 30회 정도 압박하면서 심장마사지를 합니다.

인공호흡 2회 심장마사지 30회를 번갈아 가면서 다섯 세트 정도를 합니다. 만약 AED(심장 제세동기)가 있다면 사용하도록 합니다.

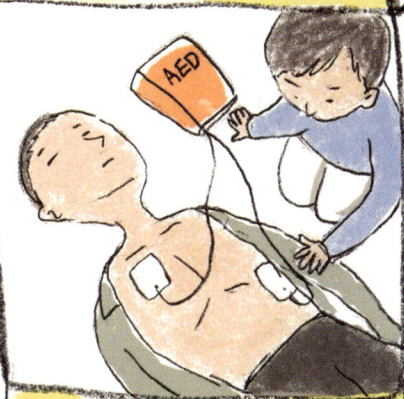

환자의 오른쪽 쇄골뼈 아래, 왼쪽 갈비뼈 아래에 패드를 붙인 뒤에 AED의 지시를 따릅니다. 패드를 붙이기 전까지는 계속 심장마사지를 다른 사람이 하고 있어야 합니다.

모두 물러나세요!

전기 쇼크가 올 수 있으니 버튼을 누르기 전에 주위에 있는 사람들에게 물러나라고 하고 구조자도 좀 떨어져서 버튼을 누릅니다.

3 집에서 안전한 생활하기

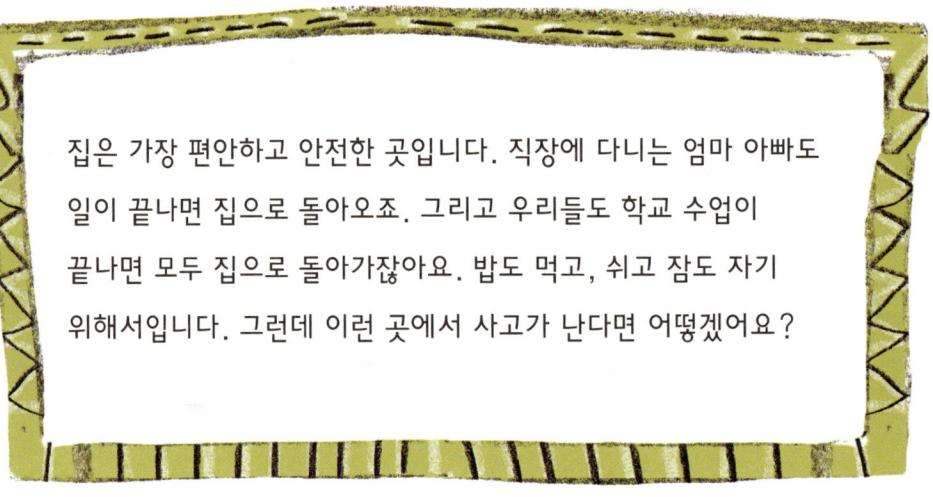

집은 가장 편안하고 안전한 곳입니다. 직장에 다니는 엄마 아빠도 일이 끝나면 집으로 돌아오죠. 그리고 우리들도 학교 수업이 끝나면 모두 집으로 돌아가잖아요. 밥도 먹고, 쉬고 잠도 자기 위해서입니다. 그런데 이런 곳에서 사고가 난다면 어떻겠어요?

집에 불이 나거나 화상을 입으면?

집에서 가스나 전기, 촛불이나 성냥 때문에 불이 날 수도 있습니다. 불이 나면 즉시 집에서 뛰어나와야 해요. 불은 순식간에 집 안 전체에 퍼질 수 있기 때문입니다.

대피를 하다가 옷에 불이 붙으면 바닥에서 뒹굴면서 꺼야 합니다. 그래야 산소가 차단되어서 옷에 붙은 불을 끌 수 있답니다. 얼굴에 화상을 입거나 숨을 잘 못 쉴 수도 있으므로 손으로 코, 입 등을 가리고 뒹굴어야 합니다. 동생 옷에 불이 붙었다면 담요나 이불 같은 것을 덮어 산소를 차단하도록 합니다.

안전한 출구를 찾아서 재빨리 밖으로 빠져나가면서 부모님과 119에 전화를 걸어서 빠른 진압을 할 수 있도록 해야 합니다.

방문 손잡이가 뜨겁다면 문을 열지 마세요!

화재가 나서 방문을 열고 나오려고 하는데 손잡이가 아주 뜨거워서 델 정도라면 불이 방문 앞까지 번졌다는 것입니다. 그럴 때는 문을 열지 말고 창문 쪽으로 가서 도움을 받을 수 있는지 등을 살펴보세요. 그리고 아파트인 경우에는 발코니에 불이 번지지 않았다면 방 창문을 통해서 발코니로 나가세요. 발코니의 창문을 열고 수건이나 옷 등을 흔들어서 구조를 요청하도록 합니다.

물건으로 화상을 입을 수도 있어요

뜨거운 물건들도 조심해야 합니다. 뜨거운 것들을 만지다가 데일 수 있기 때문이에요. 뜨거운 물이 담긴 주전자나 찻잔, 뜨거운 국그릇 등으로 화상을 입을 수 있답니다.

식탁에서 밥을 먹다가 뜨거운 국을 엎질러서 화상을 입을 수도 있으므로 조심해야 합니다. 화상을 입으면 찬물에 그 부분을 식히도록 합니다. 그래야 뜨거운 불기운이 빠져서 통증이 좀 덜하게 된답니다.

물을 먹으려고 온수를 받다가 잘못해서 데이기도 하는데 뜨거운 물을 먹을 때는 어른들에게 부탁을 해서 먹도록 합니다. 전자레인지에서 뜨거운 음식을 꺼내다가 데일 수도 있고요. 겨울에 세수를 하려고 물을 틀 때도 찬물

아하, 그렇구나!

아파트 천장에 있는 화재 감지기

아파트에서 불이 나면 거실 천장에 있는 화재 감지기가 소리를 내어 알려 줍니다. 방에서 자고 있다가 소리를 들었다면 정말 큰 도움이 되겠죠? 그리고 불을 끄기 위해서 자동으로 물을 뿌리는 스프링클러가 작동을 합니다. 아파트에 살고 있는 친구들은 스프링클러가 어디에 있는지 한번 찾아보세요. 그리고 학교에는 어디에 있는지 모두 찾아보도록 해요.

과 뜨거운 물이 섞일 수 있도록 중간 정도에 밸브를 맞추어서 수도꼭지를 틀어 주세요. 더운물만 틀었다가 손을 데일 수가 있답니다.

알고 싶은 안전 이야기

불을 끄는 방법들을 알아볼까요?

더 이상 불이 번지지 않도록 산소를 차단해서 불을 끄는 방법이 있는데 이를 '질식 소화법'이라고 합니다. 두꺼운 이불이나 담요 등으로 불이 난 곳을 재빨리 덮어서 산소를 차단하는 방법과 밖에서 불이 났을 경우 흙으로 덮는 방법, 질소 소화기를 사용하는 방법 등이 있답니다.

두 번째로는 불이 나서 타고 있는 물체의 온도를 떨어뜨려서 끄는 '냉각 소화법'이 있습니다. 물을 이용해서 불을 끄는 것도 이 방법에 속한답니다.

세번째로는 불이 난 곳에 불이 더 크게 번지지 않도록 주위에 있는 탈 물건들을 미리 없애는 '제거 소화법'이 있습니다.

아파트 1층에서 불이 났다면 그 옆에 있는 아파트와 위에 있는 아파트 등에 미리 물을 뿌려서 불이 번지는 것을 막는 것도 제거 소화법이랍니다.

엘리베이터 안전 수칙

아파트에서 엘리베이터를 안전하게 타려면 쿵쿵 뛰거나 버튼을 마구 누르는 등의 장난을 쳐서는 안 됩니다. 엘리베이터가 무게를 잘못 인식해서 사고가 날 수 있습니다. 엘리베이터를 세게 두드리면 전자 회로가 망가져서 잘못된 작동을 할 수 있기 때문이에요.

낯선 사람과 둘이서만 엘리베이터를 타지 마세요

낯선 사람이 엘리베이터에 타고 있다면 될 수 있으면 같이 타시 마세요. 기다렸다가 낯익은 이웃 아주머니들과 타거나 친구들과 타고 가도록 합니다.

엘리베이터에 갇혔을 때는 핸드폰이 있다면 부모님께 연락해서 아파트 관리실과도 연락이 닿도록 해야 합니다.

오티스의 추락 방지 안전 장치

아하, 그렇구나!

엘리베이터에는 정해진 속도 이상으로 움직이면 자동으로 작동하는 추락 방지 장치들이 있습니다. 1853년 미국의 발명가 엘리샤 오티스가 최초로 추락 방지 안전 장치가 달린 엘리베이터를 만들었답니다.

전기로 사고가 났을 때

몸으로 전류가 흐르면서 몸에 이상이 오거나 심각한 충격을 받는 경우를 감전이라고 합니다. 물기 있는 손으로 전기 코드나 전자 제품 등을 만지면 감전이 되기 때문에 조심해야 합니다. 200볼트 전압에 감전되면 굉장히 큰 부상을 당할 수 있답니다.

감전 사고가 뭐예요?

전기 콘센트 등에 젓가락을 꽂는 장난을 하면 안 됩니다. 전기가 몸에 약하게 흐르면 '찌릿찌릿' 하는 정도이지만 심하게 흐를 경우에는 생명을 잃을 수도 있기 때문입니다.

플러그를 뽑을 때는 머리 앞부분을 잡고 빼야 합니다. 만약 선을 잡아 당겨서 빼다 보면 전선이 늘어나서 안에 있는 구리선이 끊어지거나 합선이 일어날 수도 있습니다.

전선이 문틈에 자주 끼이는 것도 위험합니다. 그 선이 약하게 되면서 전선이 밖으로 나와서 감전될 수 있으므로 조심해야 합니다.

누전 사고는 절연이 완전하지 않거나 전기 시설에 문제가 생기면서 전기가 전깃줄 밖으로 새어 나와서 주변으로 흐르게 되는 것을 누전이라고 합니다. 누전 현상이 생기면 그 주위에 전류가 흐르게 되면서 감전 사고가 발생할 수 있답니다.

집에 두꺼비집이 있대요!

아하, 그렇구나!

전기가 주변으로 새어 나오는 것을 자동 차단하는 장치를 두꺼비집 또는 누전 차단기라고 한답니다. 집 안에 있는 전기 스위치를 다 내리고, 플러그도 모두 뽑았는데 전력량을 측정하는 계기가 움직이고 있다면 전기가 누전되고 있는 것이랍니다. 누전 사고를 미리 차단하려면 누전 차단기를 달아야 한답니다.

전기장판으로 인한 화재

겨울철에 집에서 화재가 많이 발생합니다. 그 이유는 전기장판 때문이라고 해요. 너무 오랫동안 켜놓아서 전선이 뜨거워져서 불이 나기도 한대요. 잠들기 전에는 끄고 자거나 타이머가 있다면 자동으로 꺼질 수 있게 시간을 맞추어 놓고 자도록 해요.

그리고 전기장판을 보관할 때 접어서 보관하면 위험하대요. 접힌 부분의 전선이 약해져서 끊어지게 된대요. 그것을 모르고 사용하다가 불이 아주 많이 난다고 합니다. 그리고 외출할 때는 전기장판이나 전기난로 등이 꺼져 있는지를 꼭 확인하는 습관을 들이도록 하세요.

부엌에서 가스가 새어 나와요

가스는 원래 냄새가 나지 않아요. 그런데 가스가 새는 것을 알 수 있도록 냄새를 넣었답니다. 여러분들도 아마 냄새를 맡아보았을 거예요. 가스 냄새가 집에서 나면 우선 가스 밸브가 닫혀 있는지부터 확인하세요.

만약 열려 있다면 바로 닫아야 합니다. 동시에 창문을 열어 환기를 시키도록 합니다.

밸브를 잠그고 창문을 열어 환기시켜요

대부분의 가정에서 쓰는 도시가스는 공기보다 가벼워서 위쪽에 있는 창문을 여는 것이 환기에 효과적입니다. 충분히 환기가 안 되었을 때 전기 스위치나 가스레인지 등을 켜면 불꽃이 일면서 크게 폭발할 수 있습니다. 그래

가스가 새는지를 확인하는 방법

아하, 그렇구나!

집에서 쓰는 설거지용 세제를 물과 알맞게 섞어서 붓으로 가스 배관과 호스 주위에 바릅니다. 만약 방울이 생기면서 점점 커지면 가스가 새고 있는 것이므로 중간 밸브와 메인 밸브를 바로 잠그도록 합니다. '가스안전점검관리소'에 연락해서 안전 점검을 받은 뒤에 쓰도록 해야 한답니다.

서 환기를 충분히 시킨 뒤에 스위치를 켜도록 해야 합니다.

그리고 가스레인지를 혼자 켜고 끄는 것을 부모님께 훈련받았다면 괜찮지만 그렇지 않다면 절대로 혼자 가스 밸브를 열고 요리를 해서는 안 됩니다. 잘못하면 가스 폭발 사고가 날 수 있기 때문입니다.

라면을 끓이는 등의 간단한 요리를 혼자 해 보고 싶다면 가스레인지 사용법을 부모님께 배운 뒤에 하도록 합니다. 부모님 앞에서 안전하게 연습을 한 뒤에 "해도 좋다."는 허락을 받았다면 괜찮지만 그렇지 않다면 절대 해서는 안 됩니다.

깨진 유리와 의자도 조심해요!

부모님이 없을 때 유리컵을 바닥에 떨어트려서 깨뜨렸다면 조심해서 그 주위를 빠져 나오도록 합니다. 초등학교 저학년 어린이라면 어른들이 오기 전까지는 그곳에 절대로 가지 않도록 합니다.

진공청소기를 사용할 줄 안다면 조심해서 유리를 치워요

만약 청소기 사용법을 아는 초등학교 고학년 어린이라면 실내화를 신고 손에 고무장갑을 끼고 큰 유리조각들을 두세 겹의 비닐봉투에 주워 담도록 합니다. 그런 뒤에 잘게 부수어진 것들은 진공청소기로 빨아들이도록 하세

요. 그리고 마지막으로 휴지 뭉치에 물을 묻혀서 두세 번 닦아내도록 합니다.

바퀴 달린 의자에 올라가면 위험해요

장롱 위에 있는 물건을 꺼내려고 의자를 딛고 올라서다가 바닥으로 나동그라지는 일들이 가끔 있습니다. 잘못하면 갈비뼈나 척추를 크게 다칠 수 있으므로 엄마 아빠가 계실 때에 꺼내 달라고 부탁하기 바랍니다.

바퀴 달린 의자는 더 위험해서 그 위에서 놀다가 떨어지면 몸을 가누기 힘들 정도로 다칠 수 있습니다. 바퀴 달린 의자는 바퀴가 제멋대로 움직여서 중심 잡기가 힘들기 때문에, 그 위에 올라가는 것은 정말 위험하답니다.

유치원에서 바퀴 달린 의자에 올라갔다가 떨어지는 일이 실제로 발생했습니다. 그래서 유치원생이 척추를 심하게 다쳐서 걷지 못하게 된 사고가 났답니다. 무심코 한 행동이 이런 심각한 사고를 일으킬 수 있기 때문에 언제나 조심해야 합니다.

낯선 사람이 벨을 누를 때

혼자 집에 있거나 동생하고 있는데 모르는 사람이 벨을 누르면 절대로 문을 열어 주지 마세요. 어른이 없어서 문을 열 수 없다고 말하는 것도 위험합니다. 아예 집에 사람이 없는 것처럼 하는 게 낫습니다. 혹시 집에 사람이 없는 것을 확인하고 문을 열고 들어오려고 하면 112에 신고하거나 아파트에 사는 어린이들은 경비실에 바로 연락하도록 합니다.

택배 배달을 왔다고 해도 무조건 문을 열지 마세요. 아파트인 경우는 문앞에 두고 가라고 하고, 주택인 경우는 문 안 쪽에 놓고 가라고 하면 됩니다.

반려동물과 친구가 되려면

집에서 키우는 고양이나 강아지들은 사람들과 살면서 친구처럼 감정을 서로 나눌 수 있게 됩니다. 그래서 때로는 큰 힘이 되기도 하지요. 그래서 반려동물이라고 한답니다.

아하, 그렇구나!

목욕도 시키고 손, 발톱도 관리해요

실내에서 같이 살기 때문에 깨끗하게 관리를 해야 합니다. 목욕도 일주일에 1번씩 시켜야 하고 손톱이나 발톱도 잘 관리해 주어야 하지요. 산책도 자주 다녀야 하고요.

그리고 강아지가 밥을 먹고 있거나 혼자 잘 놀고 있을 때는 귀찮게 굴면 물릴 수도 있으니까 조심해야 합니다

길을 가다가 잘 모르는 강아지를 보게 되면 함부로 만지면 안 됩니다. 꼭 주인에게 만져도 괜찮은지를 물어봐야 합니다. 간혹 아주 사나운 강아지가 있어서 물 수도 있기 때문이지요.

처음 보는 강아지를 무조건 만지면 안 돼요

강아지들은 머리를 만지면 공격하는 줄 알고 사납게 변할 수가 있습니다. 처음 보는 강아지는 목 아래를 살며시 쓰다듬으면 안심을 하고 경계심을 풀게 된답니다.

그리고 강아지를 만진 뒤에는 혹시 병균 등을 옮길지도 모르니 꼭 손을 씻도록 합니다. 간혹 애완견에게 잘못해서 물린 경우에는 광견병 주사를 맞았는지 등을 꼭 확인하고 병원에 가서 치료를 받도록 해야 합니다.

🔰 엄마 아빠와 함께 보세요!

화상 증상과 응급처치

화상이란 화재, 전기, 햇볕, 화학물질 등에 의해 피부가 손상되는 것을 말합니다. 화상으로 피부가 벗겨지면 감염이 될 수도 있으며 신체에서 나오는 체액 손실이 발생할 수도 있습니다. 이뿐만 아니라 신체의 체온을 조절하는 기능까지 손상될 수도 있습니다.

1도 화상 : 피부의 겉만 다친 화상
피부가 붉어지고 건조해지며 고통스러우며 부어오를 수도 있습니다. 치료하면 흉터 없이 5~6일 안에 나을 수 있습니다.

2도 화상 : 표피와 진피에 생기는 화상
피부가 붉어지고 물집이 생기면서 통증이 있고 붓는 증상이 있습니다. 치료하면 3~4주 안에 나을 수 있지만 피부색이 변하고, 흉터가 생길 수 있습니다.

3도 화상 : 피부는 물론 피부 밑의 지방인 피하지방, 근육, 뼈, 혈관, 신경 등까지 상처를 입는 화상
피부가 갈색 또는 거무스름하게 되고 피부 아래 있는 조직들은 하얗게 보일 수도 있습니다. 고통이 아주 심하거나 신경까지 다쳐서 고통을 못 느낄 수도 있습니다. 치료를 하더라도 흉터가 남게 됩니다.

3세 이하의 어린이는 집에서 끓는 물에 화상을 많이 입게 되고, 3~14세는 불장난을 하다가 불꽃에 의한 화상을 많이 입는다고 합니다. 15세 이상인 경우는 일을 하는 작업장에서 사고로 화상을 입는 경우가 많다고 합니다.

화상 부위를 찬물에 담그거나 흐르는 물에 식혀 줍니다!

화상을 입었을 때에는 화상이 더 이상 진행되지 않도록 환자를 안전한 곳으로 옮깁니다. 그런 뒤에 화상 부위를 차가운 물에 담그거나 흐르는 물에 식혀 주도록 합니다. 그런데 옷을 입고 있는 상태에서 화상을 많이 입었다면 옷을 벗기지 말고 그대로 찬물을 부어 주는 것이 더 안전한 응급처치랍니다. 이럴 때는 응급처치 뒤에 바로 병원으로 가도록 합니다.

화상 부위가 아주 크지 않을 때는 응급처치 뒤에 감염 예방을 위해서 소독 거즈로 덮어 주도록 합니다. 물집이 생기면 바로 병원에 가서 치료를 받도록 해야 합니다.

화상 부위가 크지 않고, 물집이 생기지 않는 1도 화상은 집에서 거즈나 붕대로 치료를 할 수 있답니다.

4 학교에서의 안전 수칙

어린이들은 많은 시간을 학교에서 보냅니다. 그래서 학교에서의
안전 교육도 중요하답니다. 교실뿐만 아니라 복도, 운동장, 놀이터,
학교 앞 가게, 낯선 사람 등 조심해야 할 일들이 많답니다.
무엇을 조심해야 하는지 한번 알아볼까요?

교실에서 지켜야 할 일

교실은 조용히 공부를 하거나 쉴 수 있는 공간입니다. 그래서 마구 뛰거나 소리를 크게 지르면 친구들에게 피해를 주게 됩니다. 특히 책상, 걸상 등이 있어서 뛰다가 좁은 공간에 부딪히면 다칠 수 있습니다. 공을 던지면서 놀고 싶으면 쉬는 시간이나 점심 시간에 운동장으로 나가서 하도록 합니다.

특히 위험한 물건인 가위나 칼 등을 친구에게 주려고 던지다가 크게 다칠 수 있기 때문에 날카로운 물건들은 던지지 않도록 합니다.

창틀에 기대거나 올라가면 위험해요

가끔 창에 기대거나 창틀 위로 올라가는 어린이들이 있습니다. 교실이 높은 층에 있다면 큰일이 날 수도 있으니 절대 올라가지 않도록 합니다.

그리고 친구가 앉으려고 할 때 의자를 뒤에서 몰래 빼는 어린이들도 있습니다. 재미로 한 장난 때문에 친구가 척추를 다치거나 엉덩이뼈를 다칠 수도 있습니다. 이런 장난으로 그 친구가 평생 장애인으로 살아야 한다면 해서는 안 되겠죠?

모두가 함께 생활하는 곳이니까 안전해야죠!

학교에서는 이렇게 나의 안전뿐만 아니라 선생님과 친구의 안전도 생각해야 합니다. 왜냐하면 학교는 자기 혼자만 있는 곳이 아니라 많은 동생들,

언니 오빠들 그리고 친구들, 선생님들과 함께 생활하는 곳이기 때문입니다.

친구를 따돌려서도 안 돼요

그리고 몇몇 친구들은 한 아이를 따돌려서 못살게 굴거나 때리기도 하는데 절대로 해서는 안 되는 행동입니다. 이 세상에서 똑같은 사람은 하나도 없다고 했죠? 자기와 생각이 다르거나 성격이 맞지 않는다고 폭력을 휘두르면 어떻게 될까요?

폭력을 당하는 아이만 상처를 입는 게 아닙니다. 폭력을 휘두르거나 친구를 괴롭히는 어린이도 정상적인 어른으로 자랄 수 없습니다.

만약 친구들과 문제를 해결하지 못하고 이런 일이 계속된다면 꼭 선생님이나 부모님께 알리도록 하세요. 그래야 해결을 할 수 있습니다.

복도나 계단을 걸을 때

복도를 걸을 때는 천천히 오른쪽으로 걷도록 합니다. 모두 우측 통행을 하도록 교육을 받았죠? 왼쪽으로 걸으면 우측 통행을 하는 어린이와 서로 부딪힐 수 있기 때문에 꼭 오른쪽으로 걷는 습관을 들이도록 합니다. 그리고 급히 서두르면서 계단을 오르거나 두 칸씩 건너뛰면서 내려오는 것도 위험합니다. 발을 헛디뎌서 구르게 되면 뒤에서 올라오던 친구들과 내려오던 친구들까지 다칠 수 있기 때문입니다.

계단 난간에서 미끄럼을 타면 안 돼요

계단 난간을 미끄럼틀처럼 타고 내려오는 친구들도 있는데 잘못하다가

난간 밖으로 떨어질 수 있습니다. 그래서 다리나 발목이 부러질 수도 있으니 이런 행동은 하지 않도록 합니다.

게다가 다른 어린이와 부딪히면 그 친구는 잘못을 하지 않았는데도 다치게 되어 부모님에게 걱정을 끼치게 된답니다. 그러니 이런 위험한 행동은 아예 하지 않는 게 좋겠죠?

헹가레를 치다가 장애인이 될 수 있어요

아하, 그렇구나!

졸업식에서 축하하는 의미로 학생들이 헹가레를 칠 때가 있습니다. 그러나 이런 행동은 아주 위험합니다. 잘못하면 땅으로 그대로 떨어져서 척추를 심하게 다칠 수도 있으니까요. 그래서 걸을 수 없는 장애인이 되는 사고가 종종 벌어지고 있답니다.

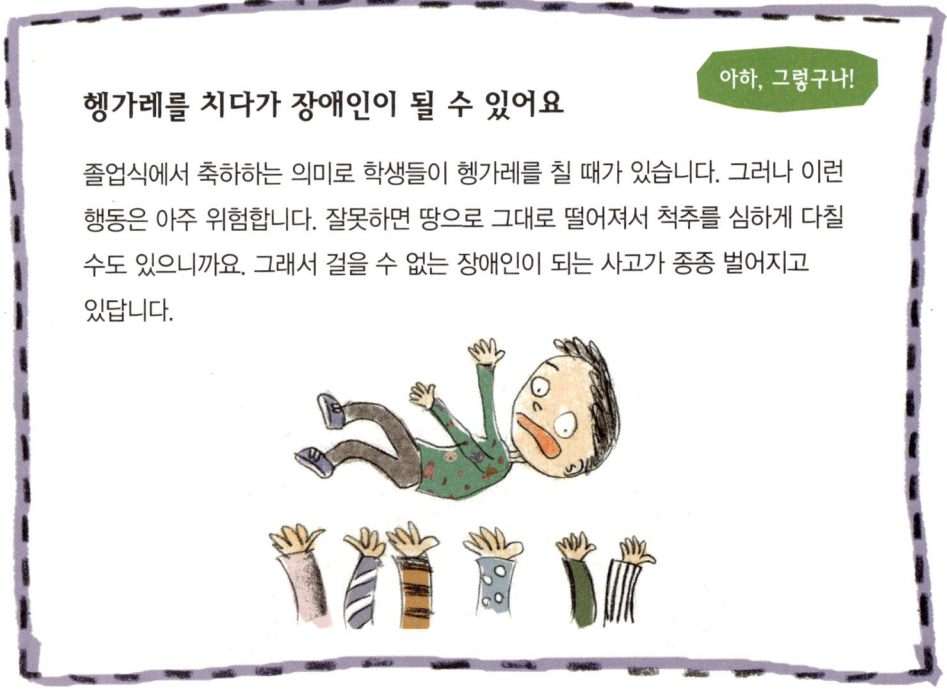

음식을 먹을 때 조심해야 할 일

떡이나 큰 사탕, 엿 등을 먹다가 목에 걸려서 잠시 숨을 못 쉰 경험이 있을 거예요. 잘못하면 숨을 못 쉬어서 질식해서 죽을 수도 있답니다.

학교에서 점심을 먹을 때도 천천히 씹어서 삼키도록 합니다. 음식물이 식도를 타고 위로 내려가야 하는데 급히 먹다 보면 숨을 쉬는 기도에 음식물이 걸릴 수 있기 때문이지요.

친구가 밥을 먹을 때 장난을 치지 맙시다!

점심을 먹을 때는 장난을 치면 안 됩니다. 뜨거운 국을 친구가 먹고 있거나 들고 있는데 뒤에서 장난을 친다면 그 친구는 어떻게 될까요? 아마도 입 안에 화상을 입거나 국을 떨어뜨려서 발에 화상을 입을 수도 있습니다.

친구가 국을 발에 떨어뜨렸다면 양말을 재빨리 벗겨 냅니다. 양말을 벗지 않으면 뜨거운 국물이 계속 발을 데게 할 수 있기 때문입니다. 그리고 양호실에 가서 치료를 받도록 합니다.

길가에 버려진 음료수는 먹으면 안 돼요

그리고 학교 운동장 등에서 뚜껑이 따진 채 있는 음료수는 절대 먹지 않도록 합니다. 변질이 되었을 수도 있고, 병은 음료수 병이지만 그 안에 무엇이 들어 있는지를 알 수 없기 때문입니다. 친구들 가운데 그런 것들을 마시고 갑자기 어지러워하고, 구토하는 모습을 보면 재빨리 선생님께 알리고, 119에 연락해서 응급치료를 받을 수 있도록 합니다.

학교 가는 길이나 학교 앞에서 파는 불량식품도 사지 마세요!

학교 가다가 보면 길에서 군것질거리를 파는 사람들이 있습니다. 어린이들이 먹어도 안전한지를 알 수 없는 것들이 많기 때문에 사 먹지 않도록 합니다. 배탈이 나거나 많이 아플 수 있으므로 아예 사지 않는 게 좋습니다.

목구멍이나 기도가 막혔을 때

아하, 그렇구나!

어른들의 응급처치법

기도가 이물질 등으로 막혀서 의식은 있지만 기침을 할 수 없을 때 응급으로 실시하도록 합니다.
환자의 뒤에 서서 환자의 허리를 양팔로 감아 안습니다. 이때 한 손은 주먹을 쥐는데 주먹을 쥔 손의 엄지가 배 위에서 오목한 부분인 명치와 배 중간에 오도록 합니다.
주먹을 쥔 손을 다른 손으로 감싸 잡은 뒤, 환자의 복부를 누르며 위쪽으로 빠르게 밀어 올리도록 합니다.

어린이 응급처치법

어린이가 갑자기 기침을 못하거나 숨을 쉬지 못할 때는 머리를 아래로 하고 한 손으로 가슴을 받치도록 합니다. 이때 중력에 의해 막혔던 것이 나올 수 있는데, 그렇지 않으면 등을 너무 세지 않게 손바닥으로 5번 정도 때리도록 합니다.

놀이기구 바르게 사용하기

학교 놀이터에서 놀 때도 놀이기구를 어떻게 사용해야 안전한지 또 질서를 안 지키면 어떤 일이 일어날지 등도 알아야 합니다.

특히 쇠로 된 놀이기구는 여름 한낮에 햇볕에 뜨겁게 달구어져서 만지면 손을 데일 수 있습니다. 학교의 놀이기구들은 대부분 쇠로 만든 게 많으니까 여름에는 조심해서 놀아야 합니다.

그럼 놀이기구를 즐겁고 안전하게 타는 법을 알아볼까요?

그네 안전하게 타기

그네는 완전히 멈춘 뒤에 타고 내려야 합니다. 멈추지 않은 그네를 타려고 오르다가 발을 헛디뎌서 발목이 부러지는 사고를 당할 수 있습니다. 그네가 멈춘 뒤에 안전하게 탔다면 중심을 잃지 않도록 양손으로 줄을 잡고 몸의 반동을 이용해서 구르기 시작합니다.

타고 있을 때 뛰어내리면 줄이 흔들리면서 발을 헛디뎌서 사고로 이어질 수 있습니다. 그리고 줄을 꼬거나 엎드려서 타지 않도록 합니다. 가장 안전하게 그네를 타려면 양손으로 줄을 잡고, 그네에 앉아서 양발을 힘 있게 구르면서 타는 것이랍니다.

미끄럼틀 즐겁게 타기

미끄럼틀에 올라갈 때는 반드시 계단을 이용하고, 오르내릴 때 손잡이를 꼭 잡도록 합니다. 다른 사람을 밀거나 잡아당기면 떨어질 수 있으니 그런 장난은 치지 않도록 해야겠죠?

엎드려서 타거나 서서 타는 어린이들도 많은데 내려오다가 속도를 잘 조절하지 못하면 미끄럼틀 아래서 엎어지거나 얼굴이 땅에 부딪힐 수도 있답니다. 그래서 조심해서 속도를 조절하면서 타야 안전하답니다.

철봉에서 안전하게 놀기

학교 운동장에 있는 철봉은 높이나 봉의 굵기가 초등학생에 맞도록 만든 것입니다. 하지만 동네 공원에 있는 것들은 높이나 봉의 굵기가 어른들의 키와 손 크기에 맞게 만든 것이기 때문에 무리해서 매달리지 않도록 합니다.

그리고 철봉에서 스스로 몸을 가눌 수 없다면 거꾸로 매달리거나 철봉 위에 올라가지 않도록 합니다. 땅에 떨어져서 목을 다치거나 머리를 다칠 수 있기 때문입니다.

늑목에서 안전하게 놀기

중심을 잃지 않도록 양손을 잡고 올라갑니다. 다른 친구가 올라간 곳으로는 가지 않도록 합니다. 서로 충돌할 수 있기 때문입니다.

위에 있는 사람의 발을 잡거나 흔드는 장난을 하지 말고, 내려올 때는 발을 헛디디지 않도록 잘 살피면서 내려옵니다. 비나 눈이 올 때는 늑목에서 미끄러지기 쉬우니 아예 올라가지 않는 게 좋습니다.

시소 신나고 안전하게 타기

함께 타는 사람과 마주 보고 타고, 반동 때문에 튕겨 나갈 수 있으니 손잡이를 꼭 잡도록 합니다. 내릴 때는 같이 타는 친구에게 내린다고 얘기한 뒤에 천천히 내려오면서 시소 밑에 발이 깔리지 않도록 조심합니다.
 시소 끝을 땅에 세게 내리지 말고, 다리로 먼저 디뎌서 충격을 줄인 뒤 부드럽게 닿게 해야 합니다.

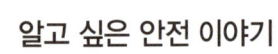 알고 싶은 안전 이야기

자전거도 안전 교육이 필요해요

자전거를 타다가 교통사고가 많이 난대요

지금까지 인간이 발명한 것 가운데 최고는 무엇일까요? 자동차, 비행기, 우주선, 로봇, 컴퓨터…. 그거야 보는 기준에 따라 다르겠지요. 몇 년 전 영국의 BBC방송은 자전거를 '인류 최고의 발명품'으로 꼽았답니다.

생각해 보니, 자전거를 타면 정말 좋은 점이 참 많습니다. 자전거는 석유나 석탄 같은 화석 연료를 사용하지 않습니다. 그래서 공기를 오염시키지 않고, 경제에도 도움이 되지요.

게다가 이런 화석 연료는 머지않아 바닥을 드러낼 겁니다. 자전거를 많이 이용하면 복잡한 교통이나 주차장 문제를 해결하는 데에도 도움이 됩니다. 대부분의 도시는 공간이 무척 부족하잖아요. 그리고 무엇보다도 자전거를 타면 건강에 좋답니다. 바람을 가르며 자전거를 타면 기분도 몹시 상쾌하지요.

그럼 자전거는 무조건 안전할까요? 그렇지는 않습니다. 어린이들이 당하는 교통사고를 분석해 보면, 자전거를 타다가 일어나는 사고가 20퍼센트에 가깝거든요.

자전거를 탈 때 안전 교육부터 받아야 해요

혹시 여러분은 자전거를 탈 때 안전 장비를 이용하나요? 머리에 안전모(헬멧)를 쓰고, 손에 장갑을 끼고, 무릎과 팔꿈치에 보호대를 차나요? 아직 그런 친구들이 많지 않은 듯합니다. 하지만 두발자전거를 타려면 안전 장비를 이용해야 하고, 안전 교육도 받아야 합니다.

독일에서는 자전거를 타려면 자격증이 있어야 한대요

 다른 나라의 경우는 어떨까요? 오스트레일리아에서는 자전거를 탈 때 안전모를 쓰지 않으면 우리 돈으로 치면 약 12만 원 정도를 벌금으로 내야 한답니다. 그리고 독일이나 폴란드 같은 나라에서는 만 열 살이 되면 '자전거 자격증'을 따야 한답니다.

 교통경찰이 학교와 거리에서 교통 법규에 대해 가르친 다음, 실기 시험을 봅니다. 자전거의 구조, 안전 장비 착용법, 도로표지판의 종류, 자전거를 탈 때 지켜야 할 안전 규칙 등을 보지요. 자선거 자격시험에서 떨어진 어린이들은 어떻게 해야 할까요? 조금 더 공부하고 연습하여 다음 시험을 봐야겠지요.

엄마 아빠와 함께 보세요!

신체를 다쳤을 때 응급처치법

눈에 무엇인가가 들어갔을 때
즉시 깨끗한 물이나 식염수로 닦아 줍니다.
공에 심하게 맞거나 뾰족한 것에 찔렸을
때는 상처를 만지지 말고 병원에 바로 갑니다.

벌에 쏘였을 때
카드로 벌침을 살살 긁어서 빼
줍니다. 통증이 심하면 병원에
가도록 합니다.

화상을 입었을 때
가벼운 화상은 즉시 찬물로
열을 식힙니다. 심하게 데었으면
냉찜질 뒤에 병원에 갑니다.

칼이나 유리에 베였을 때
상처가 오염이 되었다면
물로 깨끗이 씻은 뒤 붕대를
감아 지혈을 합니다.

뼈가 부러졌을 때
다친 곳을 고정시키고 병원에
바로 갑니다.

뱀에 물렸을 때
물린 부위에서 5~6cm
정도 심장 가까운 쪽에
끈이나 손수건 등으로
묶도록 합니다.

뼈가 부러졌을 때

뼈가 부러지는 사고가 났을 때 부러진 곳을 제자리로 돌려놓으려고 하면 안 됩니다. 왜냐하면 이렇게 하면 부러진 주변 근육, 혈관, 신경 등이 더욱 손상될 수 있기 때문입니다.

이러한 사고가 났을 때 먼저 할 일은 다친 곳을 움직이지 않도록 단단한 것으로 고정해서 병원에 가는 것입니다.

부목으로 댈 것이 마땅치 않으면 신문지나 종이상자 등을 사용해서 다친 곳을 고정해도 됩니다. 다친 부위보다 부목을 더 길게 해서 고정시키도록 합니다.

눈에 무언가가 들어갔을 때

눈에 무언가가 들어가면 눈이 빨갛게 되고, 눈물이 나면서 아플 수도 있습니다. 이럴 때 눈을 비비면 안 됩니다. 그러면 망막을 다칠 수 있기 때문이지요. 우선 깨끗한 물이나 식염수로 씻어 내서 눈에 들어간 것을 빼내도록 합니다. 이렇게 했는데도 계속 눈이 불편하면 병원으로 가도록 합니다.

눈에 뜨거운 것이 들어갔을 때는 재빨리 깨끗한 물이나 식염수로 닦아내어 눈 주위에 생길 수 있는 화상을 줄이도록 해야 합니다. 눈을 뜬 채 찬물에 얼굴을 담그고 식히는 것도 좋습니다.

눈에 가장 해로운 것은 알칼리성 화학물질입니다. 이러한 물질이 눈에 들어가면 각막 조직을 변화시킬 뿐 아니라 염증까지 일으키기 때문에 즉시 흐르는 물에 20여분 정도 씻어 내는 것이 중요합니다. 응급조치 후 빠른 시간 내에 병원으로 가서 치료를 받아야 합니다.

눈을 방망이나 공에 맞았을 때

대부분은 야구, 축구, 테니스 등을 하다가 발생하는 경우가 많습니다. 공에 세게 맞았을 때는 우선 잘 보이는지부터 살펴봅니다. 잘 보이지 않는다면 양쪽 눈을 가리고 안정을 취한 뒤 바로 병원으로 가야 합니다.

목에 가시가 걸렸을 때

목에 뾰족한 생선가시 같은 게 걸렸을 때 대부분 밥이나 물 등을 먹으면 쓸려 내려간다고 생각합니다. 하지만 이런 행동은 음식이 넘어가는 식도나 위에 상처를 나게 해서 위험해질 수도 있습니다. 이비인후과에서 검사를 받고 치료를 하는 게 제일 안전합니다.

숨이 가쁘고 쌕쌕거리는 증상이 나타나면 곧바로 119에 연락해서 응급조치를 받아야 합니다.

칼이나 유리에 베였을 때

칼이나 유리 등에 베였을 때 상처 난 곳의 상태를 바로 확인하고, 만약 오염되지 않았다면 바로 지혈해야 합니다. 상처가 더러운 것들로 오염된 상태라면 수돗물이나 생수로 깨끗이 씻은 뒤에 천이나 헝겊 등을 상처에 대고 직접 압박하는 방법으로 지혈해야 합니다. 그래도 피가 멈추지 않는다면 다친 곳을 심장보다 높게 해서 병원으로 빨리 가도록 합니다.

찔린 정도에 따라 응급처치가 달라집니다. 가볍고 작은 것에 찔렸을 때는 족집게나 핀셋 등으로 빨리 뽑아내면 통증 없이 치료가 쉽게 끝날 수 있습니다.

그러나 깊이 찔렸을 때는 박힌 물질이 지혈을 해 주기 때문에 그냥 빼서는 안 됩니다. 만약 야외에서 상처가 났을 때는 소독이나 씻는 게 어렵기 때문에 될 수 있으면 뽑지 않는 게 안전합니다. 깊이 박혔을 때는 병원에서 치료를 받도록 해야 안전합니다. 녹슨 못에 찔렸을 때는 파상풍에 걸린 위험이 있으므로 꼭 병원에서 치료를 받아야 합니다.

귀에 벌레가 들어갔을 때

귀는 외이(外耳), 중이(中耳), 내이(內耳)로 구성돼 있는데, 보통 외이에 무언가가 들어가는 경우가 가장 많습니다.

귀에 무언가가 들어갔을 때 불편한 느낌과 통증도 느낄 수 있습니다. 또한 움직이는 소리가 들리고, 소리를 잘 못 듣게 될 수도 있습니다. 특히 고막을 건드렸을 때는 통증이 심합니다. 아주 어린아이들일 때는 말을 할 수 없어서 울고 보챌 수 있습니다.

귀에 벌레가 들어갔을 때, 작은 벌레면 귀에 손전등을 비추며 기다리면 빛을 따라서 벌레가 기어 나오게 됩니다. 큰 벌레일 때는 물이나 오일 등을 귀에 흘려 넣어 벌레가 익사하도록 한 뒤에 병원에 가서 빼내도록 합니다.

귀에 생물이 아닌 것이 들어갔을 때는, 집에서 꺼내려고 하지 말고 병원에 가서 처치를 받도록 합니다. 집에서 꺼내려다 고막이나 외이도 등에 상처를 내거나 더 깊숙이 밀어 넣는 경우가 많기 때문입니다.

5 일상생활에서 일어나는 사고

학교에 갈 때, 학원에 들렀다가 올 때, 교통 안전과 낯선 사람들에게 대처하기, 화재 등등 생각해야 할 일들이 많습니다. 일상생활에서 부딪히게 되는 많은 위험들로부터 어떻게 여러분을 지킬 수 있을지 알아보도록 해요.

교통사고 예방하기

가장 중요한 교통 질서는 교통 신호 지키기입니다. 신호등의 의미를 모두 잘 알고 있죠? 횡단보도를 건널 때 녹색불은 건너기, 빨간불은 기다리기인 것을 모르는 친구들은 없지요? 그런데도 빨간 신호등일 때 건너는 친구들이 가끔 있습니다.

신호를 지키고 횡단보도에서 손을 들고 건너요

빨간 신호등일 때 오가는 차가 없다고 안심하고 건너는 어린이들이 있습니다. 만약 횡단보도가 언덕 아래 있다면 언제 언덕 위에서 트럭이나 오토바이가 달려올지 알 수 없습니다. 어린이가 달리는 속도보다 차의 속도가 빠르다면 사고가 나겠죠! 그러니 횡단보도를 건널 때는 신호등에 따라서 손을 들고 건너도록 합니다. 어린이들은 키가 작아서 운전자들이 잘 볼 수 없기 때문에 손을 들고 건너야 안전합니다.

횡단보도 가운데를 건너는 게 안전해요

또 신호등이 바뀌자마자 건너기보다는 달려오는 차는 없는지 잘 살펴봐야 합니다. 운전자가 신호등이 녹색불로 바뀌었는데도 급히 가느라 달려올 때가 가끔 있기 때문입니다.

그리고 횡단보도를 건널 때는 횡단보도의 가운데 정도에서 건너는 게 더 안전합니다. 그래야 오가는 차들과 부딪힐 위험이 더 줄어든답니다.

길을 걸으면서 스마트폰을 보면 위험해요!

길에서 친구들과 놀거나 스마트폰 등에 빠져서 차가 오는 것을 보지 못하면 위험할 수 있습니다. 길거리에는 많은 간판들도 서 있습니다. 친구와 얘기하거나 스마트폰을 들여다보다가 자칫하면 간판에 부딪혀서 크게 다칠 수 있습니다. 그렇기 때문에 길을 걸을 때는 앞을 잘 보고 걷는 습관을 들이도록 해야겠죠!

골목길에서도 조심해야 합니다. 갑자기 차가 튀어나올 수 있기 때문에 주의를 살피면서 가야 합니다.

그리고 서 있는 큰 차 뒤에서 놀지 않도록 합니다. 버스나 큰 트럭 운전자는 뒷바퀴 뒤쪽, 앞쪽에 있는 것들을 볼 수 없는 경우가 많아서 아주 조심해야 합니다.

차 문에 옷이 끼였는지 확인해요

학원 버스에서 내릴 때도 옷이나 가방 등이 문에 끼이지 않았는지 살피면서 내려야 합니다. 혹시라도 옷이 문틈에 끼였다면 크게 소리를 쳐서 알려야 합니다. 그래야 차가 그냥 가지 않을 수 있으니까요. 문이 다 닫히지도 않았는데 차가 그냥 달리면 정말 위험하답니다. 이럴 때는 무조건 크게 소리를 지르세요!

차를 탔을 때 밖으로 얼굴을 내밀거나 손을 내미는 것도 위험합니다. 지나가는 차에 부딪힐 수 있기 때문입니다. 어린이가 차 지붕의 문을 열고 머리를 내밀고 다니는 경우가 있는데 이것도 아주 위험합니다. 위에서 떨어지는 무언가에 부딪힐 수도 있기 때문이에요.

고속버스나 승용차를 탈 때

차를 탔을 때는 꼭 안전띠를 매도록 합니다. 시내에서 아빠 차를 타거나

안전띠를 꼭 매야 해!

친구 아빠나 엄마의 차를 탈 때도 안전띠를 매야 합니다. 그래야 사고가 났을 때 큰 부상을 피할 수 있답니다. 고속도로나 국도 같은 지방도로를 갈 때도 승용차는 물론이고, 관광버스에서도 꼭 안전띠를 매야 합니다.

달려오는 오토바이도 조심해요

건너편에서 달려오는 오토바이가 보인다면 달리지 말고 오토바이부터 보내고 가도록 합니다. 특히 길가로 달리는 오토바이가 많으므로 차에서 내릴 때나 횡단보도를 건널 때 주의해야 합니다.

빙판길을 걸을 때 호주머니에 손을 넣지 마세요

겨울에 손을 호주머니에 넣고 빙판길을 걷다가 미끄러지면서 다리가 부러지는 일을 당하기도 합니다. 미끄러지면서 차도로 떨어지면 교통사고가 날 수도 있습니다. 그러니 빙판이나 눈길을 걸을 때는 호주머니에서 손을 빼고 걷도록 하세요.

아하, 그렇구나!

고속도로에서 우리 차가 고장이 났어요! 어쩌죠?

고속도로나 지방도로 등을 달리다가 차가 고장이 나면 어떻게 해야 할까요? 아빠나 엄마가 당황해서 차 밖으로 나가서 뒤에 오는 차를 향해 손을 흔들려고 할 때 말해 주세요. "뒤 트렁크 뚜껑부터 여세요!" 하고. 그러면 뒤에서 오는 차들이 차에 문제가 있는 것을 알고 안전하게 피해 간답니다. 그러고는 가족 모두 안전한 곳으로 대피하세요.

고속도로에 잠시라도 사람이 서 있거나 걷는 것은 생명을 위협받을 정도로 아주 위험하기 때문입니다.

혼자 교통사고를 당하면 어떡해요?

혼자 길을 가다가 교통사고가 나면 부모님께 전화를 하고, 주위에 있는 어른들에게도 사고가 난 사실을 알립니다. 그 순간에는 아프지 않아도 시간이 지나면 아플 수도 있으므로 병원에 운전자와 함께 가도록 합니다. 그래서 다친 곳은 없는지를 병원에서 확인하는 게 안전합니다.

사고를 낸 운전자와 부모님이 통화하도록 해요
사고를 낸 운전자의 이름과 전화번호 등을 알려 달라고 합니다. 차 번호도 적어 놓도록 합니다. 그래서 부모님과 통화할 수 있도록 하는 게 좋습니다.

친구나 길 가던 어른이 교통사고를 당하는 것을 보았다면 119와 112 등에 신고해서 사고가 난 곳, 시간, 누가 다쳤는지 등을 알리고 빨리 응급조치를 할 수 있도록 합니다.

핸드폰이 없으면 공중전화 긴급 통화를 이용해요

혹시 핸드폰도 없고 동전도 없어서 공중전화를 사용할 수 없다면 주위의 다른 친구에게 부탁하세요. 그런데 공중전화도 긴급을 표시한 빨간 단추를 누르면 119나 112에 전화를 할 수 있답니다.

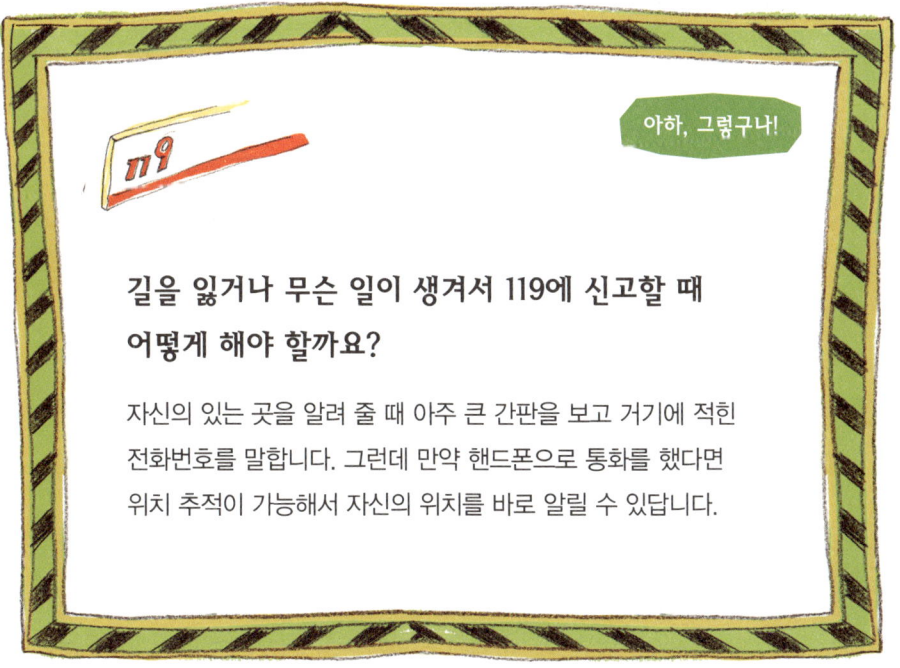

길을 잃거나 무슨 일이 생겨서 119에 신고할 때 어떻게 해야 할까요?

자신의 있는 곳을 알려 줄 때 아주 큰 간판을 보고 거기에 적힌 전화번호를 말합니다. 그런데 만약 핸드폰으로 통화를 했다면 위치 추적이 가능해서 자신의 위치를 바로 알릴 수 있답니다.

지하철에서의 안전 수칙

지하철을 타기 위해서 에스컬레이터를 이용할 때는 틈새로 신발이나 목도리 옷자락이 끼이지 않도록 조심합니다. 마구 뛰어 올라가거나 내려오다가 발을 헛디뎌 굴러서 다칠 수도 있기 때문에 언제나 조심해야 합니다.

그리고 지하철을 타려면 그 앞에 스크린 도어가 설치되어 있잖아요? 지하철 문이 닫히고 있는 중에 타려고 하다가 가방이나 옷 등이 끼이면서 사고가 종종 납니다. 지하철 출입문은 닫혀서 출발을 하고, 물건들이 끼인 채 스크린 도어에 부딪히면서 사고가 나게 됩니다. 그래서 문이 닫히고 있는 지하철은 타지 않는 게 안전합니다.

지하철을 탈 때 노란선 밖에서 두 줄로 기다려요

지하철을 탈 때는 노란선 밖에서 두 줄로 서서 기다리도록 합니다. 가운데는 내리는 사람들을 위한 공간으로 만들어 주어야 하고, 사람들이 다 내린 뒤에 차례를 지켜서 타도록 합니다. 몸에 장애가 있는 사람들, 아기를 안고 있거나 임산부, 나이가 많은 할머니 할아버지 등이 서 있을 때는 자리를 양보하도록 합니다.

지하철 선로에 떨어졌다면 어떻게 해야 할까요?

우선 지하철이 오고 있는지를 재빨리 확인합니다. 지하철이 승강장으로 달려오고 있지 않다면 주위 사람에게 큰 소리를 쳐서 도움을 청합니다. 그런 다음 선로 옆에 있는 공간으로 몸을 피하도록 합니다.

그리고 선로 쪽에 스마트폰이나 물건들을 떨어뜨렸을 때는 직원에게 도움을 요청하도록 합니다. 승강장에서는 될 수 있으면 스마트폰을 보거나 산만한 행동을 하지 않도록 합니다.

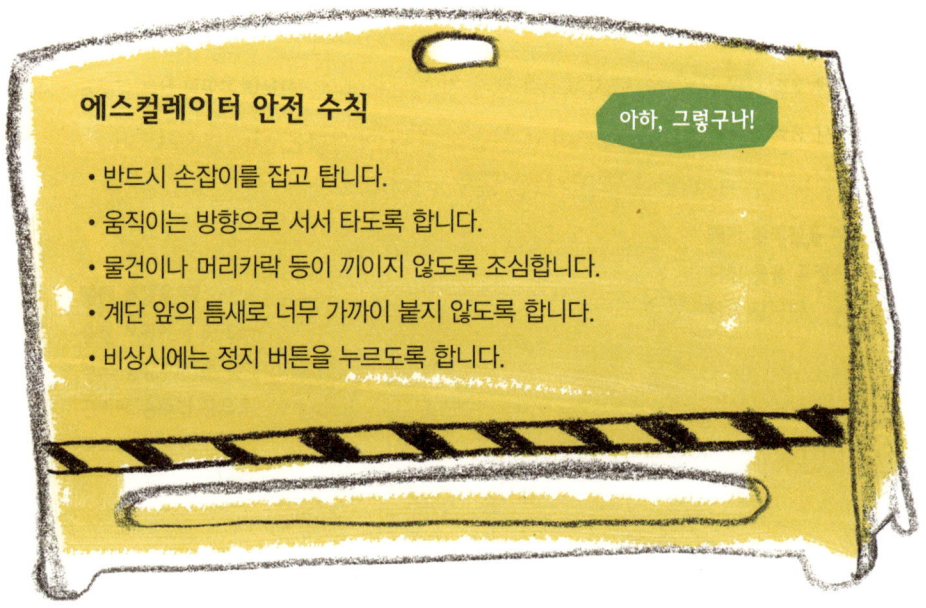

에스컬레이터 안전 수칙

아하, 그렇구나!

- 반드시 손잡이를 잡고 탑니다.
- 움직이는 방향으로 서서 타도록 합니다.
- 물건이나 머리카락 등이 끼이지 않도록 조심합니다.
- 계단 앞의 틈새로 너무 가까이 붙지 않도록 합니다.
- 비상시에는 정지 버튼을 누르도록 합니다.

> 아하, 그렇구나!

지하철 사고 때 탈출을 도와주는 것들

지하철 의자 아래나 출입문 옆의 위쪽을 보면 '출입문 비상 코크'라는 것이 있어요. 불이 나거나 지하철의 전원이 나가서 자동문이 열리지 않을 때 이 밸브를 돌리면 문을 열고 탈출할 수 있답니다.

2003년 2월 18일 '대구지하철 화재' 때 '수동문 개폐기'에 대해서 잘 몰라서 지하철 내부에 갇힌 채 큰 화를 당했습니다. 그렇기 때문에 어린이 여러분들도 평상시에 지하철을 탔을 때 눈여겨보시기 바랍니다.

비상통화 장치는 노약자석 옆 벽면에 있습니다. 지하철에 문제가 생기면 이것으로 지하철 기관사, 승무원 등과 연락할 수 있습니다. 비상통화 장치 아래나 위에는 차량 번호가 있는데 통화할 때 얘기하도록 합니다. 그리고 아래쪽에는 소화기가 있답니다.

지하철 승강장 벽면에도 비상시 통화할 수 있는 SOS 비상전화와 소화기가 있습니다. 화재나 긴급한 일이 생기면 이용하면 됩니다. 또 화재용 마스크, 면수건 등도 구비되어 있습니다.

정전으로 탈출이 어려울 때는 승강장에 있는 휴대용 비상조명등을 이용해서 출입구까지 나오도록 합니다.

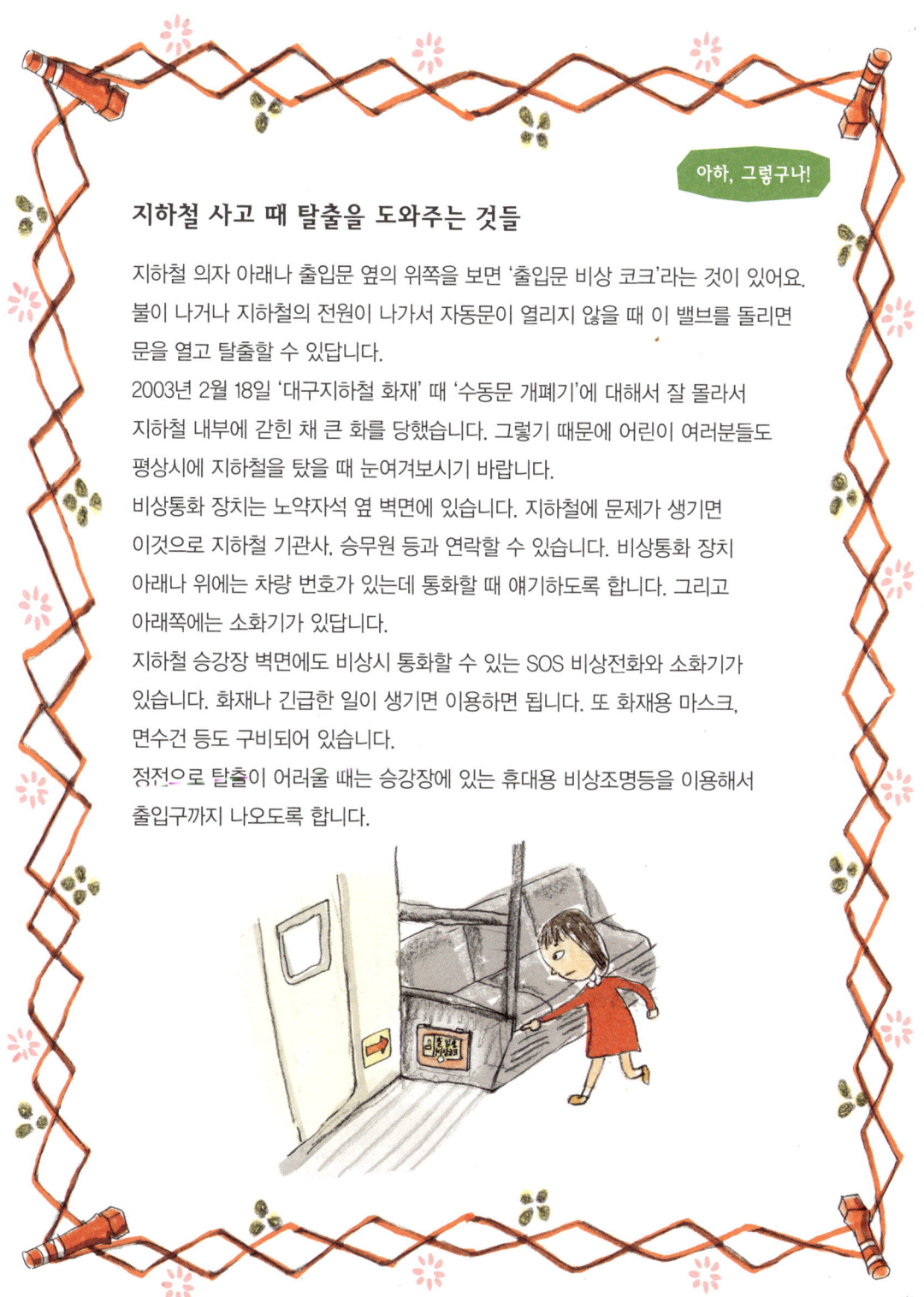

지하철에서 불이 났을 때

불이 나서 건물 안에 갇혔을 때

불길이 너무 세서 탈출하기 힘들면 화장실에서 수건이나 옷 등에 물을 묻혀서 코와 입에 대고 바닥에 엎드리도록 합니다. 그리고 119에 위치를 알려서 빠른 도움을 받을 수 있도록 하세요.

몸에 안 좋은 유독 가스는 불이 나면 산소보다 가벼워져서 위로 떠오르게 됩니다. 그래서 불이 났을 때는 유독 가스를 마시지 않기 위해서 바닥에 몸을 엎드리고 있어야 한답니다.

불길을 피해서 옥상으로 가세요

불길이 아직 번지지 않아서 밖으로 나갈 수 있는 상황이라면 옥상으로 대

피하도록 합니다. 그래야 헬리콥터 등의 지원을 받을 수 있고, 유독한 가스를 마시지 않을 수 있기 때문입니다.

엘리베이터는 불이 나면 불길이 그 빈 공간을 따라서 확 번질 수 있으므로 계단을 통해서 옥상으로 올라가는 게 안전합니다.

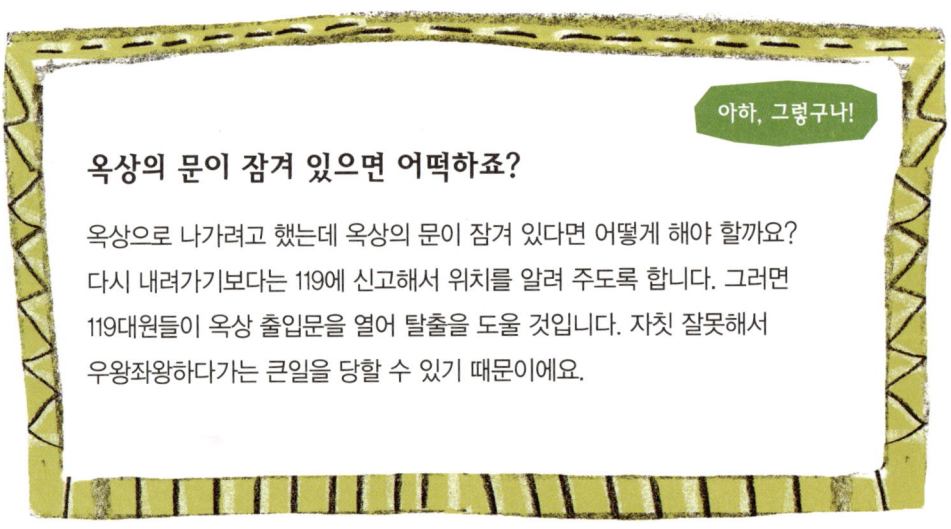

옥상의 문이 잠겨 있으면 어떡하죠?

옥상으로 나가려고 했는데 옥상의 문이 잠겨 있다면 어떻게 해야 할까요? 다시 내려가기보다는 119에 신고해서 위치를 알려 주도록 합니다. 그러면 119대원들이 옥상 출입문을 열어 탈출을 도울 것입니다. 자칫 잘못해서 우왕좌왕하다가는 큰일을 당할 수 있기 때문이에요.

낯선 사람이 같이 가자고 할 때

낯선 사람이 간혹 내가 사고 싶어 하는 물건이 무엇인지를 물은 다음에 사 주겠다고 따라오라고 하는 때가 있습니다. 이럴 때 절대로 따라가면 안 됩니다. 이런 사람들은 부모들 몰래 어린이들을 납치해서 돈을 요구하는 경우가 대부분이기 때문입니다.

"모르는 사람이 나를 납치하려고 해요!" 하고 소리치세요

그리고 낯선 사람이 "엄마가 너를 데려오래."라고 했을 때도 먼저 부모님께 전화를 걸어서 확인해 보도록 합니다. 그 순간 무조건 끌고 가려고 하면 크게 소리를 지르도록 합니다. "모르는 사람이 나를 납치하려고 해요!" 이렇

게 큰 소리로 외쳐서 주위에 있는 사람들에게 도움을 청하도록 합니다.

낯선 사람이 있으면 손으로 가리고 비밀번호를 누르세요!

문의 비밀번호를 누르고 집에 들어가려는데 낯선 사람이 보고 있다면 번호를 손으로 가리고 누른 뒤에 들어가야 합니다. 잘못해서 비밀번호가 알려지면 도둑을 당하거나 강도를 당할 수도 있으니까 조심해야겠죠. 그리고 집에 들어가자마자 문을 잠그도록 합니다.

또 열쇠를 사용하는 어린이라면 열쇠를 가방에 매달고 다니거나 목에 걸고 다니면 위험합니다. 열쇠는 가방 속에 안전하게 보관하고 다니는 게 좋답니다.

내 몸을 누가 만져요!

길을 가거나 친구와 놀이터에서 놀고 있는데 아는 형이나 오빠 또는 낯선 사람이 잠시 같이 놀자고 합니다. 그러더니 으슥한 곳이나 사람이 없는 곳에 데려가서 내 몸을 만지려고 합니다. 이럴 때는 크게 소리를 지르세요. "내 몸 만지지 마! 만지는 것 싫어!" 하고 빨리 도망을 치도록 하세요.

혹시 아는 어른이 예쁘다고 하면서 몸을 더듬거나 자꾸 만지려고 할 때도 싫다고 분명히 말하도록 합니다. 이런 것들은 모두 성추행에 해당하는 것이므로 집에 와서 부모님께 꼭 말씀드리도록 하세요. 그래야 이런 일이 다시 일어나는 것을 막을 수 있답니다.

안전하게 놀려면 어떻게 하죠?

　인라인스케이트, 자전거, 킥보드 등을 탈 때는 자동차가 다니는 곳에서는 절대 타면 안 됩니다. 잘못하다가는 차와 부딪힐 수 있기 때문입니다. 차가 없는 안전한 곳에서 머리를 보호하는 안전모와 다리를 보호하는 무릎 보호대 장갑 등을 끼고 타야 합니다.

　이런 것들을 탈 때는 특히 집중을 해야 합니다. 친구들과 심한 장난을 치거나 앞에 사람이 오는 것을 보지 못해서 부딪히는 사고가 날 수 있기 때문

바퀴 달린 것들을 탈 때는 꼭 헬멧과 무릎 보호대를 해야 해!

이지요. 아파트 지하 주차장에서 가끔 킥보드 등을 타는 어린이가 있는데 정말 위험한 행동입니다. 주차장으로 들어오는 차를 보지 못하면 정말 큰 사고가 날 수 있습니다.

놀이동산에서 놀이기구를 탈 때도 안전 수칙과 질서를 잘 지켜서 타야 사고를 막을 수 있습니다. 그리고 놀이기구가 문제가 생겨서 갑자기 멈추었을 때는 침착하게 구조를 기다려야 합니다.

놀러갔다가 길을 잃었을 때

백화점이나 놀이공원에 부모님과 함께 갔다가 호기심 때문에 여기저기

엄마를 잃어버린 곳에서 기다리면 만날 수 있어.

구경하다가 부모님을 놓칠 때가 있지요? 그럴 때 당황해서 우왕좌왕하지 말고 부모님을 잃어버린 곳에서 기다리도록 해야 합니다. 그래야 부모님을 쉽게 찾을 수 있답니다.

초등학교 1, 2학년인 경우에는 핸드폰을 갖고 있지 않은 어린이들이 많으니까 이런 일이 종종 일어날 수 있습니다. 핸드폰을 갖고 있다면 부모님께 전화를 하면 되니까 별 문제가 안 될 수도 있지만요. 백화점이나 놀이공원 같은 데서는 안내 방송이 나올 수 있으니까 잘 듣고, 지나가는 안전 요원에게 사정을 얘기하는 것도 해결책 가운데 하나입니다.

산이나 들에서 일어나는 사고 예방하기

가족들과 산이나 들에 놀러 갔을 때는 우선 부모님의 말씀을 잘 듣도록 합니다. 그래야 사고를 줄일 수 있습니다. 왜냐하면 산이나 들에는 독이 있

 는 뱀이나 말벌 같은 것들이 있어서 응급 상황이 생길지도 모르기 때문입니다. 벌에 쏘이면 벌침이 피부에 박힐 수 있습니다. 그래서 그 부분을 딱딱한 카드 같은 것으로 빨리 빼내야 합니다. 딱딱한 카드를 밀면서 빼면 쉽게 빠집니다.

 벌레에 물리면 흐르는 물에 물린 곳을 소독하고, 피가 나면 솜이나 깨끗한 헝겊으로 눌러서 피를 멈추도록 합니다.

수영장과 바다에서의 안전

수영장에서 수영을 하려면 먼저 간단한 준비 운동을 하고 심장에서 먼 쪽을 중심으로 물을 묻히고 물에 들어가도록 합니다. 그리고 깊은 곳에는 들어가지 않도록 합니다. 배꼽을 기준으로 물이 그 아래에 있는 곳에서만 놀아야 안전하답니다.

강가에서 놀 때는 보호자 가까이에서만 놀도록 합니다. 친구가 강 깊은 곳이나 물살이 센 곳에서 놀자고 하면 위험하다고 알려 주어야 합니다. 수영을 아무리 잘해도 물살이 센 곳에 들어가면 자신의 힘으로 빠져나올 수 없기 때문입니다. 그런 곳에서 어린이들의 사고가 많이 나기 때문에 특히 조심해야 합니다.

물에 들어가기 전에는 준비 운동을 철저히!

안전 요원 가까이서 물놀이하기

　바다에서도 안전 요원이 가까이 있는 곳에서만 물놀이를 합니다. 그렇지 않으면 거센 물살에 휩쓸려 갈 수 있어요. 그럴 때 수영도 못하고 안전 요원이 주위에 없다면 정말 위험한 일을 당할 수 있습니다.

　그리고 요즘은 지구온난화 때문에 우리나라 바다에서도 사람을 무는 해파리가 자주 나타납니다. 물리지 않도록 조심하고 혹시라도 물리면 밖으로 빨리 나와야 합니다.

갯벌에서 놀 때 밀물과 썰물의 시각 알아 두기

　바다 갯벌에서 놀 때도 물이 들어올 때와 나갈 때를 잘 확인하고 놀아야 합니다. 물이 들어오고 있는데도 계속 갯벌에 있다가는 사고가 날 수 있습

물놀이 사고 예방법

해파리에게 물리면 어떻게 해야 하나요?

아하, 그렇구나!

바다에서 수영을 하거나 물놀이를 하다가 해파리에게 물리면 바로 물 밖으로 나오도록 합니다. 그리고 물린 부분이 아프다고 손으로 문지르지 말고 바닷물로 충분하게 씻어 응급조치를 하도록 합니다. 통증이 아주 심하면 119에 연락을 해서 병원에 가도록 합니다.

니다. 물론 부모님이나 선생님이 잘 챙기시겠지만 여러분들도 시각을 확인하고 놀아야 더 안전하겠죠!

물에서 놀다가 빠지면 어떻게 하죠?

물에 빠지게 되면 첫 번째로 중요한 것은 당황하면 안 됩니다. 침착하게 양팔을 옆으로 벌리고 다리를 앞뒤로 저으면서 물 위로 잠시 올라옵니다. 이때 고개를 들어서 구조 요청을 합니다. 숨을 들이 쉰 다음 다시 물속으로 들어갔다가 다시 물 위로 고개를 내밀고 숨을 쉽니다.

구조 요원이 가까이 다가오면 긴장을 풀고 몸을 맡기도록 합니다. 주위에서 물에 빠진 친구를 본다면 빨리 큰 소리로 구조 요청을 하고, 가까운

곳에 튜브가 있으면 친구에게 던져 주도록 합니다.

그리고 바닷가에서 놀 때는 샌들을 신고 놀아야 발바닥을 보호할 수 있습니다. 모래 속에 깨진 유리나 통조림 캔 두껑 등이 있어서 베일 수도 있기 때문이랍니다.

갯벌에 몸이 빠졌을 때 빠져나오기

아하, 그렇구나!

엎드린 자세에서 몸을 뒤집어서 갯벌에 누운 다음, 두 다리를 자전거를 타는 것처럼 젓습니다. 그럼 갯벌에 깊이 빠진 다리가 빠져나오게 됩니다. 그런 뒤에 몸을 다시 뒤집어서 엎드린 자세로 기어 나가도록 합니다.

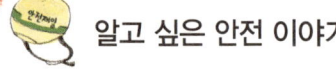 알고 싶은 안전 이야기

구멍을 막아 많은 사람을 살린 소년

바다보다 낮은 땅이 많은 네덜란드

우리 어린이들도 이 얘기를 들었을 거예요. 네덜란드의 어린 소년이 구멍이 난 둑을 막아서 많은 사람을 살린 이야기요. '네덜란드'의 의미는 네덜란드어로 '낮은 땅'이란 뜻이래요.

네덜란드에는 땅이 바다보다 낮은 곳이 전체 면적 가운데 4분의 1이나 된대요. 그래서 네덜란드에는 둑을 높이 쌓아서 바다를 간척해서 만든 땅이 아주 많답니다.

그러니 둑의 관리를 잘해야 하겠죠! 그래서 둑의 구멍을 손으로 막아서 많은 사람들을 살린 소년의 이야기가 널리 퍼졌는지도 모르겠네요.

둑에서 물이 새고 있네!

날씨가 추운 날 부모님의 심부름을 갔다가 돌아오던 소년이 둑에서 물이 조금씩 새어 나오는 것을 보게 되었습니다.

'둑에서 물이 자꾸 새어 나오면 위험한데….'

소년은 주위에 있는 흙으로 작은 틈새를 막고 있었습니다. 그런데 물살이 점점 세어지면서 그 틈이 작은 구멍이 되었습니다.

'이러다가 이 작은 구멍 때문에 둑이 무너지면 어떡하나!'

다시 소년은 조그마한 손으로 구멍을 막았습니다. 구멍이 점점 커지자, 팔뚝으로 구멍을 막고는 지나가는 사람들이 나타나기만을 기다렸습니다.

내가 모두를 살려야 해!

소년은 온 힘을 다해 구멍을 막고 있었기 때문에 점점 지쳐 갔습니다. 손을 빼고 싶은 마음이 자꾸 들었습니다. 하지만 이 손을 빼는 순간 둑이 무너지면서 많은 사람들이 죽을 수도 있다는 생각을 하고는 차마 그럴 수는 없었습니다.

'내가 버텨야 우리 가족도 살고, 친구들도 살 수 있어! 힘을 내자, 곧 누군가 올 거야!'

스스로에게 이렇게 다짐을 하면서 버티고 있었습니다.

집에서는 올 때가 지났는데도 아이가 오지를 않자 걱정이 되어 엄마 아빠와 동네 사람들이 소년을 찾아나섰습니다. 여기저기를 찾아 헤매다가 마침내 둑에서 소년을 발견했습니다. 소년은 팔뚝으로 구멍을 막고 의식을 잃은 채 있었습니다.

이 소년은 어른들도 하기 힘든 일을 해냈답니다. 죽음이 눈앞에 보이면 어른들도 자기만 살겠다고 도망을 가잖아요. 그런데 어린이가 이렇게 깊은 생각을 했다는 것은 정말 대단한 일이죠?

최선을 다한 용감한 아이

만약 이 구멍을 그냥 지나쳤다면 아주 큰 사고로 이어졌을 거예요. 이렇게 사고는 사소한 듯 보이는 곳에서 시작이 된답니다. 어린이가 어른 못지않은 생각을 갖고 안전을 위해 최선을 다한 모습을 보니 어떤가요?

선생님은 초등학교 때 이 얘기를 읽었는데 아직까지 네덜란드 하면 이 얘기부터 떠오른답니다.

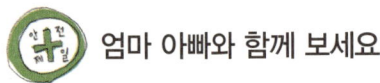 엄마 아빠와 함께 보세요!

지하철과 버스, 배에서 사고가 났을 때 대처법

지하철과 버스, 선박 등에서 사고가 났을 때는 상황을 빠르게 판단하고 행동을 해야 합니다. 많은 사람이 함께 있으니까 무조건 안전할 거라고 생각하면 안 됩니다. 모두 그런 생각을 하고 있다가 큰 사고가 날 수 있습니다. 빠르고 정확하게 판단하고 탈출을 해야 합니다.

지하철 안에서 불이 났을 때

1. 노약자, 임산부석 벽면에 있는 비상통화 장치로 승무원과 연락을 합니다.
2. 전동차에 있는 소화기를 이용해서 불을 끕니다.
3. 창문을 열어 공기를 환기시키도록 합니다.
4. 전동차의 출입문을 열고 코와 입을 물티슈, 수건 등으로 막고 비상구 표시를 따라 대피하도록 합니다. 만약 출입문이 열리지 않으면, 출입문 근처 좌석 아래에 있는 비상 코크 밸브를 앞으로 당겨서 열고 나가도록 합니다.
5. 정전이 되었다면 유도등을 따라서 대피하고 지상으로 나가기 힘들 경우에는 역무원이나 어른들을 따라서 지하철 철로를 이용해서 대피하도록 합니다.

버스에서 불이 났을 때

버스를 탈 때는 불을 끄는 소화기와 창문을 깰 때 사용하는 손도끼가 어디 있는지를 확인하도록 합니다.

1. 불이 나면 큰 소리로 외쳐서 불이 났음을 알립니다.
2. 소화기를 이용해서 불을 끄고 창문을 열어 환기를 시키도록 합니다.

3. 소화기를 이용해서 불을 끄는 시도를 한 뒤에도 불길이 잡히지 않으면 손도끼로 창문을 깨고 탈출하도록 합니다. 도로의 차들을 피해서 안전하게 탈출해야 합니다. 만약 손도끼가 버스 안에 없다면 소화기를 사용해서 창문을 깨도록 하세요.

선박에서 불이 났을 때

배를 탈 때는 구명동의, 구명정, 불을 끄는 소화기와 창문을 깰 수 있는 손도끼, 탈출구 등이 어디 있는지를 확인합니다.

불이 나면 큰 소리로 외치거나 비상벨을 눌러 화재 발생 사실을 알립니다. 소화기를 이용해 불을 끄고 창문 등을 열거나 깨서 환기를 시킵니다.

선박에서 화재가 나서 위험한 상황이 되었을 때

1. 의자 및 선실에 보관된 구명동의를 입고 물속에서 몸을 잘 움직일 수 있도록 신발을 벗습니다. 구명동의를 입으면 수영을 못하는 사람도 물에 떠서 탈출하기가 좀 더 쉽답니다.
2. 선장이나 인명 구조 요원의 지시에 따라서 질서를 지키면서 침착하게 출입문을 통해서 탈출합니다.
3. 만약 출입문이 열리지 않을 때에는 배 안에 있는 손도끼를 이용해서 창문을 깨고 탈출합니다.
4. 구명동의를 입고 선장이나 구조 요원이 바다에 던진 구명정에 올라타서 탈출을 시도합니다.
5. 안전한 장소에 도착하면 체온이 떨어지지 않도록 담요나 두꺼운 옷으로 몸을 감싸도록 합니다.

6 자연재해와 날씨 변화

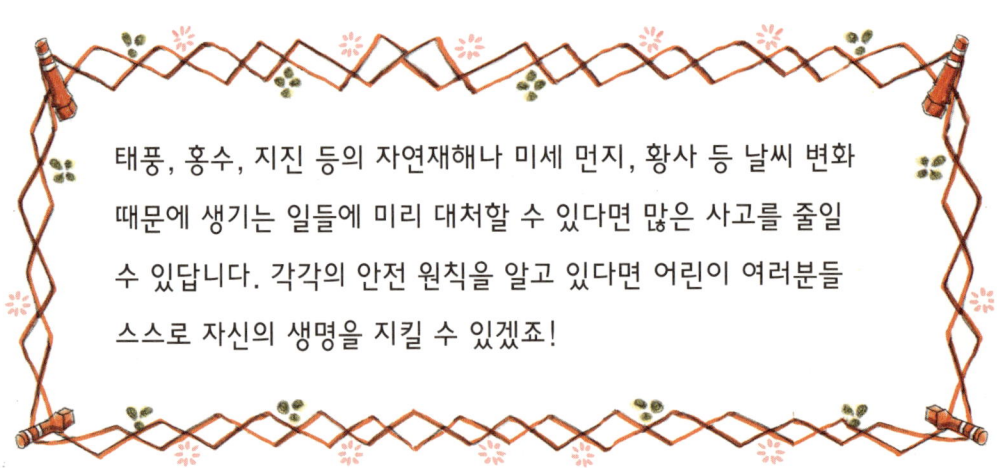

태풍, 홍수, 지진 등의 자연재해나 미세 먼지, 황사 등 날씨 변화 때문에 생기는 일들에 미리 대처할 수 있다면 많은 사고를 줄일 수 있답니다. 각각의 안전 원칙을 알고 있다면 어린이 여러분들 스스로 자신의 생명을 지킬 수 있겠죠!

태풍이 불고 천둥 번개가 칠 때

태풍이 불 때는 밖에 나가지 않도록 합니다. 그리고 텔레비전에서 얘기하는 주의보를 잘 듣도록 하세요. 강풍이 너무 셀 때는 밖의 창문이 바람에 깨질 수 있습니다. 이런 사고를 막으려면 부모님과 함께 유리창에 테이프를 엑스(X)자로 크게 붙이도록 합니다. 그리고 창문 쪽으로는 되도록 가지 않는 게 안전합니다.

여름에 가족들과 놀러 가서 텐트를 치려면 캠핑장으로 허가를 받은 곳에서 치는 게 안전합니다. 그래야 비가 많이 오거나 태풍이 와도 안전할 수 있

고, 빠른 대피도 가능하기 때문입니다.

번개가 칠 때는 피뢰침이 있는 건물로 피해요

번개와 천둥이 치면서 비가 쏟아질 때는 피뢰침이 있는 건물로 몸을 피하도록 합니다. 피뢰침은 전류를 땅속으로 흘려보낼 수 있기 때문이지요. 쇠로 된 뾰족한 우산은 쓰지 않는 게 좋습니다. 뾰족한 쇠가 번개를 맞아서 몸에 전류가 흐를 수도 있어서 위험합니다. 그러니까 우산을 살 때는 꼭지가 플라스틱으로 된 것을 사는 게 안전하답니다. 만약 집에 혼자 있는데 천둥이 치고 번개가 번쩍인다면 전기 기구의 콘센트 등도 모두 뽑아 놓는 게 안전합니다.

지진이 나면 계단으로 대피해요

실내에서 지진이 나면 몸을 보호할 수 있도록 탁자나 책상 등의 아래로 재빨리 몸을 피합니다. 그래야 흔들리면서 떨어지는 물건들에 맞지 않을 수 있습니다. 그리고 밖으로 나가려면 엘리베이터보다는 계단을 이용하는 게 더 안전합니다. 지진 때문에 엘리베이터가 갑자기 멈추면 그곳에 갇혀서 대피할 수 없기 때문입니다.

전기와 가스를 차단해요

집 안의 전기를 차단하고 가스 밸브도 잠그도록 합니다. 건물이 흔들리면서 가스나 전기에 이상이 생기면 위험할 수 있기 때문이지요.

그리고 밖에서 지진이 나면 넓은 공터나 운동장으로 가도록 합니다. 그래

야 무너지는 건물에 갇히거나 깔리는 사고를 피할 수 있답니다. 아직 우리나라에서는 강한 지진이나 바다에서 일어나는 지진해일인 '쓰나미' 등이 발생하지 않아서 미리 겁먹을 필요는 없답니다. 그래도 요즈음 우리나라에서도 가끔씩 약한 지진이 일어나고 있으니 만일을 대비하면 좋겠죠.

일본에서 발생한 무시무시한 쓰나미

아하, 그렇구나!

일본에서는 크고 작은 지진이 많이 일어납니다. 2011년 3월 11일 일본 동북 지방 앞바다에서 아주 큰 지진과 쓰나미가 일어나서, 집이 부서지고 바다로 휩쓸려가면서 많은 사람들이 생명을 잃었답니다.

특히 지진으로 후쿠시마에 있는 원자력발전소가 손상을 입으면서 많은 방사능 물질이 누출되어 아직도 그 피해가 계속되고 있답니다.

황사나 미세 먼지가 많은 날

황사가 발생한 날에는 집 안으로 먼지가 들어오지 않도록 창문을 닫습니다. 그리고 밖으로 나갈 때에도 마스크를 써서 몸에 해로운 공기를 마시지 않도록 해야 합니다. 중국에서 날아오는 황사나 미세 먼지에는 몸에 안 좋은 납이나 수은 등의 중금속이 많이 포함되어 있기 때문입니다.

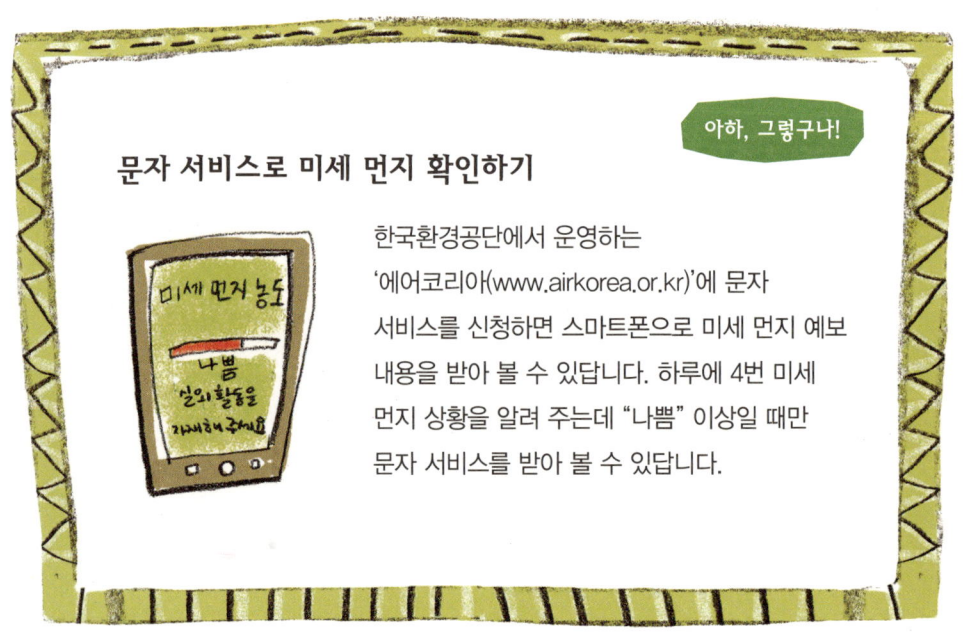

아하, 그렇구나!

문자 서비스로 미세 먼지 확인하기

한국환경공단에서 운영하는 '에어코리아(www.airkorea.or.kr)'에 문자 서비스를 신청하면 스마트폰으로 미세 먼지 예보 내용을 받아 볼 수 있답니다. 하루에 4번 미세 먼지 상황을 알려 주는데 "나쁨" 이상일 때만 문자 서비스를 받아 볼 수 있답니다.

미세 먼지에는 오염물질이 많으니 집에 오면 손발을 꼭 씻어요!

미세 먼지는 황사보다 아주 작은 알갱이들 이루어져 있습니다. 거의 먼지 수준이어서 폐에 심각한 병을 일으킬 수 있지요. 그래서 밖에 나갈 때는 미세 먼지 차단 마스크를 쓰고 대비를 철저히 하고 나가야 한답니다.

이런 날에는 학교에서 돌아오는 즉시 옷을 벗어서 털고 손발을 씻도록 합니다. 물론 밖에서 들어오면 당연히 그래야 하지만 황사나 미세 먼지가 있는 날에는 꼭 씻도록 해야 합니다.

중국에서 날아오는 황사

아하, 그렇구나!

중국이나 몽골 등의 사막이나 황토 지대에 있는 작은 모래들을 황사라고 합니다. 이런 것들이 깅한 바람으로 높이 날아올라서 하늘에 떠다니다가, 바람을 타고 우리나라로 날아온답니다. 색깔이 누런색이어서 황사(黃沙: 누를 황, 모래 사)라고 한답니다. 그리고 그 안에 오염물질들이 많이 포함되어 있어서 호흡기에 나쁜 영향을 끼칠 수 있답니다. 주로 봄에 황사가 많이 날아오는데 그 이유는 중국에서 불어오는 편서풍 때문이랍니다.

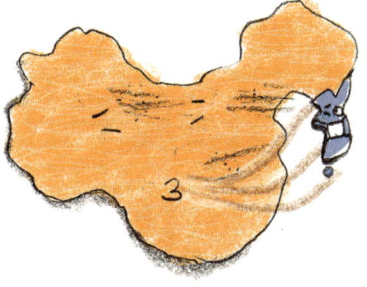

산에서 날씨 변화로 생기는 위험한 일

겨울에 등산을 갔다가 날씨가 급작스럽게 추워지면 저체온증에 걸려서 생명이 위험할 수 있습니다. 그런데 겨울뿐만 아니라 여름에도 산에서 비를 많이 맞게 되면 저체온증이 올 수 있습니다.

저체온증을 조심해요

산에 갈 때는 체온 조절에 신경을 쓰기 위해서 항상 여벌의 옷을 챙겨 가도록 합니다. 장갑이나 양말 등도 더 챙겨 가야 합니다. 그래야 겨울철에는 손이나 발에 동상이 걸리지 않습니다.

산에서 고립되었을 때를 생각해서 호루라기, 손전등, 초콜릿 같은 열량이 높은 간식도 준비해 가도록 합니다. 비상시에 먹을 수 있으니까요. 산이나 바다에 갈 때는 언제나 일기예보를 미리 살펴보고 가야 사고를 막을 수 있답니다.

돌덩이나 흙이 쏟아지는 산사태

초봄에 바위가 산 위에서 떨어지거나 흙이 아래로 갑자기 쏟아져 내리는 수가 있습니다. 겨울에 꽁꽁 얼었던 바위가 균열이 가거나 흙이 녹으면서 힘을 받지 못하고 쏠려 내려오는 것이랍니다. 그러니 특히 초봄에는 바위를 조심해야 합니다.

여름에는 폭우 때문에 바위나 흙이 물의 무게를 견디지 못하고 한꺼번에 쏠려 내려오면서 큰 산사태가 날 수도 있습니다. 혹시 부모님과 산에 야영을 갔다가 밤새 내린 비로 이런 일이 발생할 수 있는 곳이라면 재빨리 안전한 곳으로 대피해야 합니다.

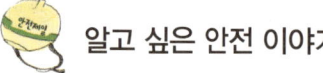 알고 싶은 안전 이야기

옛날에도 날씨를 예측하는 사람이 있었어요!

조선 시대에 날씨를 예측해 준 바람비 객주

'바람비 객주'라는 말을 들어봤나요? 조선 시대에 한양 마포, 송파 나루 등에서 날씨를 예측해서 돈을 받고 파는 사람들을 바람비 객주라고 합니다. 나루는 바다의 바닷목, 강이나 내에서 배가 건너다니는 곳을 말하지요. 옛날에는 짐이나 사람을 실어나르는 배가 주로 바람에 따라 움직이는 돛단배들이라서

날씨가 무척 중요했답니다. 바람이 어느 방향으로 부는지 세기는 어떤지, 폭풍우가 오지는 않는지 등을 미리 알기만 한다면 배를 안전하게 운항할 수 있었으니까요.

오소리로도 날씨 변화를 알아냈대요!

날씨를 모르고 바다나 강에 배를 띄웠다가 폭풍우를 만나면 많은 사람들이 사고를 당할 수도 있기 때문에 날씨 예보는 아주 중요했답니다. 바람비 개주는 구름의 움직이는 방향, 모양, 속도 그리고 바람의 방향, 속도뿐만 아니라 포구의 바람에서 무슨 냄새가 나는지, 고기들의 움직이는 모양, 새들의 동작과 소리, 풀벌레의 움직임이나 우는 소리 등을 종합해서 날씨를 예측했다고 합니다. 바람비 객주 일은 오랫동안 대대로 계승이 되어서 아무나 할 수 있는 아니었다고 합니다. 몇 백 년 동안 조상 대대로 비법을 전수받아서 그들만 아는 나름의 날씨 예측 비결이 있어서 가능했다고 하네요.

특히 오소리를 이용해서 날씨를 예측한 '오소리 객주'도 있었대요. 예민한 오소리를 키우면서 울음소리와 동작, 털의 모양과 빛깔의 변화를 보고 날씨를 예측했답니다.

옛날에도 사람들의 안전을 위해서 날씨를 예측하고 대비했다니 놀랍죠?

 **엄마 아빠와 함께 보세요!**

날씨에 따른 긴급 대처법

햇볕에 화상을 입었을 때

뜨거운 햇살 아래에서 정신없이 놀다가 피부에 화상을 입는 경우가 있습니다. 햇볕에 화상을 입으면 화상당한 곳을 찬물에 담그거나 찬물에 적신 물수건으로 식혀 주도록 합니다. 그렇게 하면 뜨거운 열기가 가라앉으면서 통증이 줄어들기 때문입니다.

고통을 느끼지 않을 때까지 10~45분쯤 계속해 주어야 합니다. 그래야 화상이 피부 깊숙이 진행되는 것을 막을 수 있습니다. 햇볕에 의한 화상은 1도, 2도 화상이 대부분인데 1도와 2도 화상은 물집에 따라서 구분할 수 있습니다.

물집이 생겼을 때는 2도 화상으로 보면 됩니다. 화상을 입었을 때 특히 감염과 흉터에 주의해야 합니다. 감염되지 않도록 상처를 깨끗이 해야 하며 물집이 생겼을 때는 물집이 터지지 않도록 주의해야 합니다.

열사병에는 체온을 낮추는 처치를 합니다

열사병은 무덥고 공기가 잘 안 통하는 곳에서 일을 하거나 운동을 할 때 발생합니다. 특히 노인이나 원래 병이 있는 사람들에게 잘 발생하지요. 열사병은 체온 조절을 잘할 수 없어서 고열도 나타납니다. 체온이 섭씨 40도를 넘으면 아주 위험하답니다.

섭씨 40도 이상의 고열은 생명에 치명적이므로 체온을 낮추어 주도록 해야

합니다.
　체온을 낮추는 응급처치로는 옷을 벗기고 찬물 또는 얼음으로 찜질을 하는 방법이 있습니다. 의식이 점점 없어지면 물 등도 먹이지 말고 즉시 병원으로 가야 합니다.

일사병에는 이온 음료나 소금물을 마시도록 합니다
　일사병은 한여름 뙤약볕에서 오래 일을 하거나 서 있을 때 생깁니다. 이때의 응급처치는 환자를 시원한 장소로 옮기고 의식이 있을 때 이온 음료나 소금

물 등을 마시도록 합니다. 만약 의식이 없고 상태가 좋아지지 않으면 빨리 병원으로 가도록 합니다.

낙뢰 응급처치

낙뢰 사망 사고는 기후 관련 사망 사고 가운데서 2번째로 많이 일어나는 사고라고 합니다. 실제로 해마다 100건 정도 일어나고 있답니다.

모든 낙뢰 환자는 입원을 해야 합니다. 즉시 119에 신고하고 환자의 의식, 호흡, 반응 등을 확인하고 상태에 따라 기도 확보 및 심폐소생술을 해야 할 수도 있습니다.

번개가 칠 때 엎드리거나 눕지 말고 몸을 낮추어 피신합니다!

낙뢰를 입을 경우 보통 전류가 눈, 코, 귀, 입을 통해 신체 내부로 전파됩니다. 그래서 심장, 중추신경계, 호흡중추 등에 강한 자극을 주어 심장 마비, 호흡 마비가 일어납니다. 이때 심장은 정지되었다가 자율성이 스스로 회복되면서 박동을 하게 되지만 호흡 마비가 계속되어 저산소증이 발생하게 됩니다.

이 때문에 다시 심장이 정지하게 된다고 합니다. 그래서 낙뢰 환자에게 가장 중요한 것은 기도 확보와 인공호흡이랍니다.

낙뢰를 입은 환자를 발견했을 때는 빨리 안전한 장소로 이동시킨 뒤에 심장이 정지된 환자에게 심폐소생술을 하도록 합니다.

번개가 칠 때 낙뢰를 맞지 않으려면, 동굴이나 우묵한 지형으로 피신하도록 하고 수변의 바위, 나무보다는 몸을 낮추어서 움직이도록 합니다. 엎드리거나 눕지 말고 땅에 닿는 몸의 면적을 최소한으로 하고 피신해야 안전합니다.

지하철에서 불이 났을 때

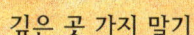

명주어린이 시리즈 09

나는 나를 사랑해요

초판 1쇄 발행 | 2016년 5월 16일

글 | 손경애
그림 | 최은영

펴낸이 | 손경애
펴낸곳 | 도서출판 명주
디자인 | 은디자인(김은경 · 배민주)
출판등록 | 2011년 7월 20일(제 301-2013-083)
주소 | 서울특별시 중구 을지로 3가 을지빌딩 별관 404호, 대한민국
전화 | 070-7565-6670
팩스 | 02-6008-5666

ISBN 978-89-6985-011-9 74180
ISBN 978-89-6985-000-3(세트) 74080

ⓒ 손경애, 최은영 2016

정가 12,000원

* 8세 이상 어린이들을 위한 책입니다.

이 도서의 국립중앙도서관 출판시도서목록은(CIP)
CIP 홈페이지(http://seoji.nl.go.kr)와
국가자료공동목록시스템(http://www.nl.go.kr/kolisnet)에서
이용하실 수 있습니다.
(CIP제어번호: CIP2016009924)

* 잘못된 책은 바꾸어 드립니다.